# MANUALIDADES FÁCILES CON VASOS DE PAPEL

45 MANUALIDADES BÍBLICAS

Manualidades de Anita Reith Stohs

Ilustradas por Ed Koehler

Traducción de Ewaldo Beckmann

**A Brian, Christian y Ellen Bush**
**Que nuestro Dios de amor y paz esté con ustedes siempre.**

**2 Corintios 13:11**

Propiedad literaria © 2008 Editorial Concordia
3558 South Jefferson Avenue, Saint Louis, Missouri, 63118-3968 U.S.A.
1-877-450-8694 • editorial.cph.org



Impreso en los Estados Unidos de América

2 3 4 5 6 7 8 9 10 11 24 23 22 21 20 19 18 17 16 15 14

# CONTENIDO

# INTRODUCCIÓN

Las artesanías del libro son "artesanías didácticas", diseñadas especialmente para clases de escuela dominical, escuela bíblica, escuela primaria y escuelas hogareñas. El énfasis está puesto sobre historias bíblicas, pasajes de las Escrituras, y en poner en práctica las lecciones. Siendo que el ciclo del calendario cristiano es de por sí una herramienta didáctica, que pone el énfasis sobre historias fundamentales de la fe, se incluyen también proyectos que realzan las grandes fiestas de la iglesia. El objetivo fundamental de todas las actividades es ayudar a los niños a incrementar su fe en Jesucristo, Redentor y Salvador de ellos.

Se sugieren toda clase de figuras de títeres a fin de proporcionarles a los maestros herramientas para una gran variedad de historias bíblicas. Siendo que los niños aprenden mejor cuando participan activamente, las ideas de los proyectos los animarán a participar en la clase haciendo cosas y utilizando estas ideas, y otras, desarrollando sus propios moldes o modelos, dentro de lo posible. Dios, quien creó el universo maravilloso en que vivimos, es Dios creador, y su don de creatividad debe fomentarse en sus hijos hoy día.

Si bien las artesanías del libro se prestan mejor para Jardines (Kindergarten) y niños de Primaria, sin embargo se las puede adaptar también para niños más grandes y para quienes tienen dificultades de desarrollo. Por ejemplo, a los niños más grandes quizá les guste hacer títeres para un equipo de titiriteros que enseña historias de la Biblia en clases intermedias. Y la conexión de ideas de las lecciones para cada uno de los proyectos ofrece sugerencias para descubrir los carriles apropiados para cada edad, con la finalidad de enlazar la artesanía con una o más historias bíblicas en particular, y su aplicación en la vida de los niños.

## Sugerencias generales

- Debido a que los bordes pueden ser cortantes, se recomienda no utilizar vasos de plástico con niños pequeños. Escoja, en cambio, vasos de tergopol o de papel.
- La mayoría de los proyectos requieren el uso de tijeras y pegamento. Para muchas de las ideas sirve el pegamento utilizado en las escuelas, como "plasticola", "boligoma" o pegamento en barra, pero el adhesivo vinílico es mejor, especialmente para trabajar con vasos de plástico.
- Escriba sobre los vasos con marcadores indelebles. Que los niños pequeños lo hagan con marcadores comunes, crayones y fibras, para dibujar sobre el papel que van a pegar en los vasos.
- A no ser que se indique lo contrario, los moldes de este libro están hechos para trabajar con vasos estándar de 250 ml (un molde de este tamaño se encuentra en la página 50). Para lograr un molde de un vaso más chico o más grande, haga un corte por el lado del vaso, desprenda el fondo, extienda el vaso sobre un papel y trace una línea en torno al vaso. Incremente en 12 mm para solapas.
- No existe una manera única de realizar los proyectos de este libro. ¡Aproveche sus propias ideas o las sugerencias de otros, como trampolín para su forma ideal de alabar a Dios con vasos de papel!

# TÍTERE DE ÁNGEL

**Materiales necesarios:** Papel blanco, vaso de plástico o tergopol, cinta, plato pequeño de cartón, papel kraft (papel estraza, basto, rústico), hilo de lana, servilleta de papel decorativa, 25 cm de cordón rígido de color metálico.

## Tareas

1. Coloque el vaso boca abajo.
2. Corte un trozo de cinta y péguelo rodeando el vaso, por la mitad, a fin de separar la cabeza del resto del cuerpo.
3. Corte círculos de papel kraft para los ojos y la boca y péguelos donde corresponde.
4. Corte por lo menos diez tiras de hilo, de ocho pulgadas (unos 20 cm) o más. Únalas, atándolas, por el medio. Deshilache las puntas. Péguelas en la parte superior del vaso imitando cabello.
5. Corte el plato de cartón por el medio. Corte la servilleta de papel por el medio. Pegue la servilleta al plato para hacer alas. Pegue las alas al cuerpo del ángel.
6. Doble el cordón rígido por el medio, con una mitad haga un círculo para representar un halo y fije el otro extremo en la parte superior del vaso.

## Más tareas

- Consiga ojos movibles o lentejuelas para los ojos. Use lentejuelas de color rojo para la boca.
- Pegue guirnaldas brillantes como pelo.
- Pegue brillantinas o purpurinas al cuerpo y las alas.
- Haga dos rollos de papel y péguelos al cuerpo del ángel como brazos.
- Forre el ángel con tela, lana o fieltro brillantes, o con papel de envolver.
- Fije un palillo de madera en el interior del vaso para un títere con palillo.
- Empléelo como títere para contar varias historias bíblicas en las que se mencionan ángeles.
- Úselo como remate de un árbol u otro adorno de la sala de clases, o como una artesanía para llevar a casa.

## Conexión bíblica

**La anunciación: Lucas 1:26-38**

Tome un ángel para contar la historia de cómo María se enteró que llegaría a ser la madre del Mesías prometido, Dios hecho hombre. Encamine a los niños a confiar en Dios y a alabarlo como lo hizo María.

**Los ángeles y los pastores: Lucas 2:1-20**

¡Pida a todos los que participan en la clase que hagan un ángel para levantarlo en alto y compartir con el coro de ángeles un canto de alegría navideña!

# TÍTERE DE ANIMAL

**Materiales necesarios:** Vaso de papel o tergopol, papel kraft, bolsa de papel, hilo de lana (optativo).

## Tareas

1. Escoja un vaso para representar la nariz del animal que quiera hacer. Ejemplos de animales de la Biblia: Asno, caballo, cerdo, oso, camello u oveja.
2. Pegue el borde del vaso en el centro de uno de los lados de la bolsa.
3. Corte redondeles negros y péguelos a la bolsa para los ojos.
4. Recorte orejas de papel kraft, y péguelas a la bolsa.
5. Para la crin, corte varias tiras de hilo, anúdelas y péguelas a la bolsa.
6. Introduzca su mano en la bolsa y muévala al ir haciendo hablar al títere.

## Más tareas

- Use los moldes de orejas de la página 62.
- Pegue a la bolsa un vaso con forma de cono, o arme uno cortando el fondo de un vaso y plegando los lados formando un cono, para hacer el pico de un ave. Añádale plumas a la bolsa.
- Agréguele partes del cuerpo (como pelo) con marcadores o crayones, o agregue otros detalles hechos con papel kraft, y péguelos.
- Recorte patas, vasos o pezuñas de animales de papel kraft y péguelos a la bolsa.
- Forre el vaso "nariz" con una pequeña bolsa de papel marrón.
- Coloree un vaso de papel con témpera o pintura acrílica.
- Pegue ojos de artesanía movibles.
- Pegue pelotas de algodón y orejas de papel kraft negro para hacer una oveja o un cordero.
- Emplee el títere como elemento de apoyo para representar o contar una historia en clase. También puede pedir a los alumnos que hagan títeres como tarea de aplicación de la lección.

## Conexión bíblica

La creación de los animales: Génesis 1:20-25

Dios creó todos los animales con un propósito particular y les proporcionó un hábitat también particular, en su mundo. Pida a los niños que hagan un títere que represente uno de sus animales favoritos, y que después el animal cuente algo acerca de cómo Dios lo creó de modo tan singular. Explique que Dios nos creó también a nosotros del mismo modo singular, que nos hizo a su imagen. Aunque no somos perfectos, Dios nos hace perfectos en Cristo, quien nos limpia de nuestros pecados y nos brinda el perdón.

Dios cuida de las aves: Mateo 6:25-27

Haga un títere de ave como elemento de apoyo para contar lo que Jesús enseña acerca del cuidado de Dios por las aves, y que esto nos alecciona a no preocuparnos, porque él provee todo lo que necesitamos, en particular nuestra necesidad de perdón. A continuación promueva en la clase una discusión acerca de las diferentes maneras en que Dios cuida de cada uno de sus hijos.

# ACUARIO

**Materiales necesarios:** Vaso de plástico transparente, lápiz, papel kraft, celofán azul o verde o lámina de envolver de plástico, pegamento, pegamento de brillantinas (optativo).

## Tareas

1. Con la base del vaso como molde, trace y recorte un redondel amarillo. Pegue el redondel sobre el fondo interior del vaso. De ser necesario, fíjelo con el extremo superior con goma de un lápiz.
2. Recorte peces de papel kraft (para un vaso de 250 ml recorte como una docena de peces, de 4 cm de largo). Para lograr un corte simétrico, doble un papel por el medio y recorte la forma del pez a lo largo.
3. Pegue algunos de los peces en la parte interior del vaso.
4. Corte una lámina de celofán azul o verde, o una lámina de plástico, de varios centímetros más larga y más ancha que el vaso. Pegue varios peces al celofán, después enróllelo y ubíquelo dentro del vaso.
5. Disponga el resto de los peces sobre el celofán, fijándolos con una gota o dos de pegamento.

## Más tareas

- Forre el vaso con celofán azul o verde o una lámina de plástico.
- Escriba un versículo, o una frase, de la Biblia sobre una tira de papel y péguelo alrededor de la base del acuario. O si no, escriba el versículo sobre un redondel de papel kraft y péguelo en la parte superior del vaso.
- Agregue conchas de mar y redes.
- Recorte peces de tergopol o de otra clase de papel, de aluminio o metálico irisado.
- Reemplace el pegamento con galletitas con forma de peces, envueltos en plástico. Permita que los niños coman las galletitas para la merienda.
- Corte ventanas de observación en los lados de un vaso de papel o tergopol y cúbralas con papel celofán o lámina de plástico.
- Haga una artesanía comestible llenando un vaso transparente con gelatina azul. Ponga la gelatina a enfriar por una hora y agréguele peces de "gomitas". Deje enfriar otra hora.
- Aproveche el acuario como accesorio didáctico, o para contar historias en la clase. Pida a los niños que hagan el acuario como una artesanía para llevar a casa.

## Conexión bíblica

La pesca milagrosa: Juan 21:1-14

"Tiren la red a la derecha de la barca", dijo Jesús a sus discípulos. Así lo hicieron, según Jesús les mandó, y sacaron 153 peces. Pida a los niños que hagan un acuario para recordarles que deben confiar en Jesús, su Señor y Salvador resucitado, el cual tiene autoridad y poder sobre toda la tierra, y que provee lo necesario para quienes creen en él.

# TÍTERE DE BOLSA DE CARTÓN

**Materiales necesarios:** Vaso de papel, plástico o tergopol, papel kraft, bolsa de cartón de color.

## Tareas

1. Recorte cabellos, ojos, nariz y boca, de papel kraft.
2. Coloque el vaso boca abajo y pegue los elementos mencionados.
3. Arrugue el fondo de una bolsa de cartón, dejando abierta la parte superior, y pegue el fondo arrugado al interior de la base del vaso (cabeza).
4. Corte cuidadosamente aberturas para brazos en lados opuestos de la bolsa. Si lo desea, refuerce el interior de las aberturas de los brazos con papel kraft.
5. Meta su mano en la bolsa y pase el pulgar por una de las aberturas y el dedo índice o meñique por la otra.

## Más tareas

- Dibuje el rostro del títere con marcador indeleble.
- Haga el cabello con hilo de lana o pelo artesanal.
- Componga el rostro con lentejuelas.
- Pegue papel kraft de color piel en torno a la parte exterior del vaso, o utilice un vaso de papel color rosa.
- Emplee stickers redondos para los ojos, o pegue ojos artesanales movibles.
- Corte por el medio un sticker redondo rojo y péguelo representando la boca.
- Haga actuar al títere haciendo movimientos mientras relata una historia de la Biblia, o para un estudio aplicado de la lección. Pida a los niños que hagan un títere para llevar a casa y utilizarlo para contarle la lección a otro niño.

## Conexión bíblica

Lidia: Hechos 16:11-15

El Señor abrió el corazón de Lidia y ella creyó en Jesús, su Salvador. Haga un títere que represente a Lidia contando su historia. Péguele al títere un sticker que represente un corazón o dibújelo (modelo en la página 53). Hable con los niños acerca de que la lección nos recuerda que la fe en Jesús, nuestro Salvador, es un don de la gracia de Dios, y que no depende de nada de lo que nosotros mismos podamos hacer. Guíe a los niños en una oración de gratitud a Dios, por haber plantado en sus corazones la fe en Cristo, mediante la Palabra.

# CANASTA CON MANGO

**Materiales necesarios**: Vaso de papel, lapicera o marcador, alimentos o cosas pequeñas para colocar en la canasta.

## Tareas

1. Dibuje el borde y los mangos paralelos sobre el vaso, según muestra el dibujo.
2. Recorte la canasta y los mangos según el largo deseado.
3. Haga un corte transversal hasta la mitad en cada mango, a los 12 mm, partiendo del extremo del mango.
4. Una los mangos en los cortes.
5. Llene la canasta con alimentos, flores u otros elementos que se adecuen a la lección del día.

## Más tareas

- Péguele a la canasta papel kraft, tela, papel de envolver o hilo de lana.
- Agréguele stickers, o escriba un versículo de la Biblia, o una frase, alrededor de la base, o en los mangos.
- Haga canastas como apoyo ilustrativo para contar una historia, como aplicación de la lección, o como una artesanía para regalar.

## Conexión bíblica

Alimentación de los cinco mil: Juan 6:1-13

Jesús tomó la merienda de un muchacho, para alimentar a más de cinco mil personas. Coloque cinco galletitas con forma de pescado y dos galletitas redondas en la canasta de cada uno de los niños. Repase la historia mientras la clase hace las canastas. Oren juntos. Después hagan de cuenta que son la gente de la historia comiendo el alimento que Jesús proveyó. Prolongue la historia pidiendo, por turno, a cada niño, que dé gracias a Dios por un don o alimento favorito. Recuérdeles a los niños que Jesús nos provee todo lo que necesitamos, y que tiene en cuenta particularmente que ellos necesitan que sus pecados les sean perdonados.

# CAMPANA

**Materiales necesarios:** Vaso de papel o tergopol, papel o lámina de aluminio o papel de envolver, tarjetas navideñas o stickers, brillantinas o cordón rígido de color metálico, dos lentejuelas grandes (optativo).

## Tareas

1. Forre el vaso con el papel de aluminio o papel de envolver.
2. Recorte una figura de una tarjeta navideña o escoja un sticker navideño.
3. Coloque el vaso boca abajo y pegue la figura sobre el lado del vaso.
4. Perfore el centro del fondo del vaso y pase por él el cordón rígido.
5. Ajuste el cordón de modo que el bucle de la parte de abajo asemeje un badajo. O si no, ensarte una lentejuela en el cordón dentro del vaso y anúdelo para ajustar.
6. Forme una anilla en el extremo superior del cordón, en la parte de afuera del vaso, y ciérrela. O si no, ensarte otra lentejuela en el cordón de afuera del vaso y retuerce la punta, cerrándolo en forma de manija.

## Conexión bíblica

Los pastores y los ángeles: Lucas 2:8-20

"¡Gloria, gloria!", cantó la multitud de ángeles del cielo la noche en que Jesús nació. Pida que cada niño haga "repicar" una campana al unirse a los ángeles en su alabanza. Canten la siguiente melodía, "En la noche los pastores":

En la noche los pastores,<br>
a sus ovejitas velan;<br>
Ángles del cielo alaban,<br>
ángeles del cielo cantan,<br>
Pastorcitos id,<br>
pastorcitos ya,<br>
A adorar al Niño, a adorar al Niño,<br>
que en Belén está.<br>
*¡Cantad al Señor! Nº6*

## Más tareas

- Emplee hilo de lana en vez del cordón rígido. Haga un agujero en la parte de arriba del vaso con un lápiz. Ate una lentejuela debajo de la parte de arriba del vaso para mantenerla sujeta.
- Sujete un cascabel o campanilla en el extremo inferior del cordón rígido o del hilo.
- Pegue stickers navideños en los lados de un vaso plástico coloreado.
- Reemplace el papel de aluminio o de envolver, con un vaso de papel coloreado y stickers.
- Dibuje y recorte las formas de pequeños moldes de galletitas navideñas y péguelas al vaso.
- Decore la sala de clases con la campana, o aprovéchela como accesorio para una canción de Navidad.

# AVE

**Materiales necesarios:** Vaso de papel, plástico o tergopol, papel kraft, tijeras, pegamento.

## Tareas

1. Recorte dos ojos negros, un pico amarillo y dos alas. (Ver p. 54).
2. Coloque el vaso boca abajo. Doble el pico por el medio y pegue el extremo ancho al vaso. Pegue las otras piezas al vaso, y coloque las alas según su parecer.

## Más tareas

- Utilice los moldes de la página 54 para hacer una gallina, gallo, águila o pavo.
- Para hacer una gallina o gallo, recorte una cresta roja y barbilla. Ajuste la cresta en un corte hecho en la base del vaso. Pegue la barbilla debajo del pico. Añada tiras de papel en la parte posterior del vaso, para la cola del gallo.
- Para hacer un águila, añada alas marrones, y una tira de papel a lo largo de la parte de abajo del vaso.
- Doble un trozo de papel en forma de abanico para hacer la cola de un pavo.
- Dibuje ojos, pico y alas sobre el vaso con marcador indeleble, o péguele ojos artesanales movibles.
- Haga una cabeza pegando en la parte superior del vaso media esfera de tergopol. Forre el vaso y la pieza de tergopol con tela.
- Recorte pollitos amarillos y péguelos en la parte de adelante de una gallina.
- Haga una gallina que cacarea pasando un extremo de un hilo de algodón por la parte superior del vaso y anudándolo doblemente. Moje el hilo, sujételo con los dedos y deslícelos arriba y abajo del hilo para que cacaree.
- Emplee el ave como artesanía para llevar a casa, como títere para contar historias, o como elemento ilustrativo visual para la clase.

## Conexión bíblica

**Lamento de Jesús sobre Jerusalén: Mateo 23:37**

Como reúne la gallina a sus pollitos debajo de sus alas- dijo Jesús-, así quiere él reunir a los hijos de Jerusalén. Pida a los niños que hagan una gallina que protege a sus pollitos, que sirva de recordatorio para dar gracias a Dios todos los días por su amor protector y su gran amor por medio de Jesucristo.

**Pedro niega a Jesús: Mateo 26:75**

"Antes de que cante el gallo, me negarás tres veces", dijo Jesús a Pedro. Haga un gallo como elemento ilustrativo mientras cuenta esta historia de Jueves Santo. Que los niños hagan un gallo que canta, para recordarles que, aunque somos todos pecadores, estamos perdonados por Dios el Hijo, quien pagó el precio por nuestros pecados mediante su muerte en la cruz. Del mismo modo que Pedro, nosotros estamos perdonados porque hubo un Viernes Santo.

*Idea: Maxine Karnowski*

# BRAZALETE

**Materiales necesarios:** Vaso de tergopol o papel, tijeras, pegamento, papel kraft o stickers, marcadores.

## Tareas

1. Corte el fondo de un vaso de tergopol o papel. Guárdelo para otra artesanía.
2. Corte el vaso el ancho deseado del brazalete.
3. Recorte y pegue decoraciones de papel kraft.
4. Dibuje sobre el brazalete un símbolo religioso apropiado, o escriba un pasaje bíblico o una frase devota. (Emplee un marcador indeleble para escribir directamente sobre el vaso; para escribir sobre papel kraft, hágalo con marcadores comunes).
5. Use el brazalete como testimonio de su fe.

## Más tareas

- Forre el brazalete con tela, papel de seda o papel de envolver.
- Decore el brazalete con stickers.
- Aplique sellador acrílico al brazalete con pincel o spray.
- Haga un corte vertical en el brazalete para facilitar colocarlo o retirarlo.
- Cubra un brazalete ancho con papel de aluminio, que sirva como accesorio en la representación de historias del Antiguo Testamento, tales como Rebeca e Isaac, o José en Egipto.
- Con el fondo del vaso haga un medallón coordinador.

## Conexión bíblica

Cuente a los demás acerca de Jesús:
2 Timoteo 1:8

San Pablo dijo: "No te avergüences de dar testimonio de nuestro Señor." Pablo animó a Timoteo a que con valor testifique respecto de su fe en Jesús, su Salvador. Pida a los niños que hagan un brazalete de testimonio, para recordarles que hablen valientemente a otros acerca de Jesús y su amor, su perdón y presencia en las vidas de ellos. Escriba cada una de las siguientes letras sobre stickers redondos adhesivos y péguelos al brazalete: QHJC ("¿Qué hizo JesuCristo?"). Dibuje una cruz sobre otro sticker y péguelo al brazalete. Solicite a los niños que usen sus brazaletes mientras practican el modo de hablar a otros acerca de lo que Jesús hace por nosotros mediante su Palabra, el Bautismo y la Santa Cena.

# VELA

**Materiales necesarios:** Vaso de papel, plástico o tergopol, papel kraft amarillo, tijeras, pegamento.

## Tareas

1. Recorte la forma de una llama terminada en punta. Doble la solapa de la parte inferior de ambas llamas y péguelas sobre el fondo exterior de un vaso. (Vea p. 53).
2. Recorte un símbolo apropiado para pegar sobre un lado de la vela. Vea los moldes de la página 57.

## Más tareas

- Recorte la llama de una vela utilizando el molde de la página 53. Pegue las solapas al fondo exterior del vaso que hace las veces de la parte de arriba de la vela.
- Pegue un trozo pequeño de guirnalda o de cordón rígido metálico al vaso, para representar una llama.
- Cubra la llama de papel con pegamento de brillantinas o lentejuelas.
- Pinte de rojo la parte ancha de una cuchara de madera para representar una llama. Deje que seque y asegúrela encajándola en el fondo del vaso.
- Corte el borde de un plato de cartón y cúbralo con trozos de papel de seda verde o de papel kraft. Pegue cuatro velas rodeando el borde, con cola o cinta adhesiva, para hacer una corona de Adviento. Vaya agregando una llama por cada semana durante el tiempo de Adviento.
- Forre el lado del vaso con papel de envolver, papel kraft o papel aluminio.
- Emplee la vela como elemento ilustrativo visual para una lección o un canto, o como artesanía para llevar a casa.

## Conexión bíblica

Presentación de Jesús en el templo:
Lucas 2:21-38

"Luz que ilumina a las naciones." Éstas fueron las palabras con que el anciano Simeón identificó al niño Jesús. Haga una vela simbolizando a Cristo, para recordar que Jesús vino para ser una luz que ilumina a todas las naciones. Recorte una cruz y péguela en un lado del vaso. Los niños más grandes podrán hacer unas "Ji Ro" (XP, abreviatura de las letras griegas de la palabra "Cristo") para pegarlas en el lado de sus velas. Las palabras de Simeón las utilizamos aún hoy para alabar a Dios. Diga a los niños que canten unidos una versión del canto de Simeón que utilizamos en la adoración.

# CADENA

**Materiales necesarios:** Vaso de tergopol o papel, tijeras, cinta adhesiva.

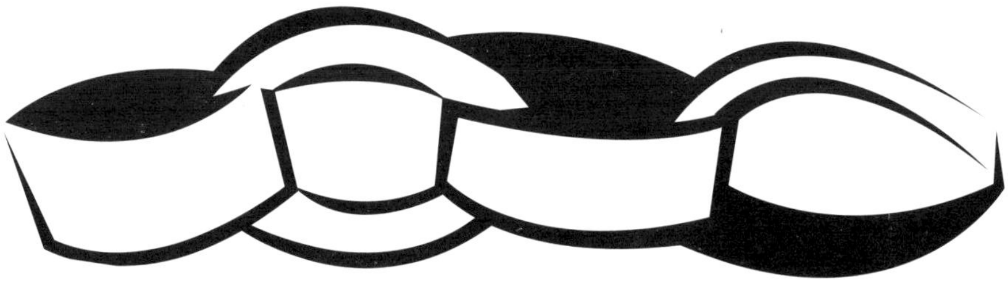

## Conexión bíblica

Pedro escapa milagrosamente de la cárcel: Hechos 12:1-19.

Con la suposición de ser Pedro, deslice la cadena de papel de sus muñecas mientras cuenta la historia de su escape milagroso. Inste a los niños de la clase a contar las ocasiones en que Dios los protegió en momentos de peligro. Después, unidos en oración, pidan a Dios que los libre de todo cuanto pueda dañarles durante la semana. Ponga énfasis en el hecho de que, debido a la obra salvadora de Jesús en favor de nosotros, ya no estamos aprisionados por las cadenas de nuestro pecado.

## Tareas

1. Córtele el fondo a un vaso.
2. Corte el lado del vaso por el medio.
3. Corte el vaso en tiras de igual anchura.
4. Eslabone las tiras para hacer una cadena, colocando dos tiras largas en cada extremo.
5. Una los extremos de cada tira.

## Más tareas

- Coloree un vaso de papel antes de cortar las tiras.
- Añada stickers, brillantinas u otra decoración a la cadena, y que sirva como decoración de la sala de clases o del árbol de Navidad.
- Forre los eslabones de la cadena con papel aluminio.
- La cadena puede servir como accesorio para la dramatización de una historia bíblica.

# PLACA CON FORMA DE CRUZ

**Materiales necesarios:** Vaso de papel o tergopol, lápiz, regla, tijeras, pegamento, clip sujetapapeles, cinta adhesiva, papel kraft.

## Tareas

1. Tome la regla y marque cuatro cortes equidistantes alrededor del borde del vaso. Desde cada corte trace una línea hasta la base de la cruz, cuidando que cada sección tenga la misma anchura.
2. Corte por las líneas hasta la base del vaso y separe los cuatro lados de la cruz. Ajuste los lados para que queden alisados. Recorte los bordes según su criterio.
3. Corte pequeños trozos de papel kraft y péguelos a la cruz.
4. Recorte un redondel de papel kraft que cubra la parte central de la cruz. Escriba un versículo de la Biblia o alguna frase apropiada sobre el redondel, y péguelo en el centro de la cruz.
5. Pegue el clip sujetapapeles en la parte posterior de la cruz, para colgarla o sujetarla.

## Conexión bíblica

De tal manera amó Dios al mundo:

Juan 3:16

Cuaresma: Pida a sus niños que hagan una cruz de Cuaresma. Forre la cruz con trozos de papel kraft purpúreo y pegue un corazón rojo en el centro de la cruz. Pida a los niños que coloquen la cruz en su hogar como recordatorio de lo que es la Cuaresma, vale decir, un tiempo para aprender más acerca del amor salvador de Jesús por nosotros.

Cuaresma y Viernes Santo: Dios amó tanto al mundo que envió a Jesús, su Hijo, para morir en nuestro lugar por nuestros pecados. Dé a cada niño un redondel hecho de papel kraft, para que escriba en él las palabras: "Porque tanto amó Dios a (el nombre del niño)." Pegue el redondel en el centro de la cruz.

## Más tareas

- Corte cuadrados de papel de seda coloreado para pegarlos sobre la cruz.
- Pegue un símbolo de papel en el centro de la cruz.
- Decore la cruz con stickers, recortes de tela, hilo o pegamento de brillantinas.
- Haga una cruz para exhibir de ambos lados; un lado para exhibir durante la Cuaresma, el otro durante la Pascua.
- Con un marcador indeleble escriba un pasaje bíblico apropiado, o una frase, sobre la cruz.
- Pida a los niños que hagan una cruz como artesanía para llevar a casa.

# CORONA

**Materiales necesarios:** Vaso de papel, tergopol o plástico, tijeras, pegamento, lentejuelas, cuentas o recortes de tejido, marcador indeleble (optativo).

## Conexión bíblica

Jesús vendrá otra vez: Hechos 1:10-11

"Jesús...vendrá otra vez", fue el mensaje que los ángeles comunicaron a los discípulos el día en que Jesús ascendió al cielo. Mande a los niños hacer una corona, y en el borde de la base escriban las palabras: "Mi Rey vendrá", como un recordatorio de que Jesús, su Rey, vendrá otra vez para llevarlos a vivir con él en el cielo.

El domingo de "Cristo Rey"

El último domingo del calendario cristiano se conoce como el domingo de "Cristo Rey". Haga una corona adornada con brillantinas, para suspenderla del árbol de Navidad en la iglesia, como recordatorio de que Jesús es el "Rey de reyes", profetizado en el Antiguo Testamento.

## Tareas

1. Coloque el vaso boca abajo.
2. Con el borde como base, recorte una corona en zigzag.
3. Pegue lentejuelas o recortes de tela.

## Más tareas

- Con un marcador indeleble de trazo fino, escriba un versículo de la Biblia apropiado, o una frase, rodeando el borde del vaso.
- Utilice la corona como accesorio de un títere rey hecho de un vaso.
- Cuelgue la corona como adorno de Navidad.
- Emplee la corona como elemento ilustrativo visual de una lección, pasaje bíblico o canto de adoración.
- Pida a los niños que hagan una corona como artesanía para llevar a casa.

# IMPRESIÓN DE VASO

**Materiales necesarios:** Papel de diario, témpera, papel, marcadores, recipiente bajo, p. ej., bandeja de aluminio desechable, vasos de papel de diferentes tamaños.

## Tareas

1. Cubra el área de trabajo con papel de diario.
2. En el recipiente bajo vierta suficiente pintura como para cubrir el fondo.
3. Presente los vasos de papel.
4. Haga que los niños mojen el borde del vaso en la pintura y lo estampen sobre el papel.
5. Cuando la pintura esté seca, agregue detalles a los círculos impresos, incluyendo un versículo bíblico apropiado, o un lema.

## Más tareas

- Estampe tres círculos entrelazados para hacer un símbolo de la Santísima Trinidad.
- Estampe círculos sobre papel de seda para hacer papel de envolver regalos.
- Estampe círculos sobre una bolsa de papel para hacer una bolsa de regalos.
- Con los marcadores, transforme los círculos en caras, animales, flores u otros objetos.
- En vez de estampar con los vasos de papel, emplee el borde del vaso, o la base, como plantilla para trazar círculos sobre papel. Recorte los redondeles, y decórelos. Es una tarea ideal para los niños más grandes.
- Combine círculos de papel para rellenar algún contorno o figura dibujados, o para componer otra forma, como p. ej., un arco iris o una cruz.

## Conexión bíblica

Jesús y los niños: Mateo 19:13-15

Mande a cada niño a pintar un retrato de sí mismo, o que haga un "cuadro" de la clase. Que cada niño estampe un círculo sobre un pedazo de cartón o madera terciada. Cuando esté seco, que dibuje su rostro y cabello. Recuérdeles a los niños que somos hijos de Dios por la acción de Jesús en nuestras vidas, mediante las palabras de las Sagradas Escrituras y el Santo Bautismo. Escriban "Cristo me ama, bien lo sé" (C.C. Nº 375) y levanten en alto el dibujo mientras entonan la canción. Pueden agregar también grabados o estampas de niños de diferentes razas y escribir las palabras, "Jesús ama a los niños, los niños del mundo entero" (CORO del himno Nº 381, C.C.)

# DEDAL

**Materiales necesarios:** Vaso pequeño de plástico o papel (100 ml), marcador indeleble.

## Tareas

1. Dibuje, sobre el lado del vaso, un rostro que represente un personaje de la Biblia.
2. Haga circular el vaso por una mesa mientras cuenta la historia.

## Más tareas

- Dibuje el rostro sobre un redondel de papel y péguelo al vaso.
- Haga duplicados de las caras de la página 52, aumentándolas o reduciéndolas, según el tamaño del vaso, coloree y recorte. Pegue las caras sobre vasos pequeños para crear un equipo que sirva de elemento ilustrativo en la narración de las historias y pueda ser usado con una variedad de lecciones.
- Recorte caras de papel kraft, tergopol o fieltro. Agregue hilo de lana, cabello artesanal u ojos movibles.
- Utilice los dedales como títeres para los dedos, o pegue una varilla artesanal al interior del vaso, y que sirva como títere.

## Conexión bíblica

### Conversión de Saulo: Hechos 9:1-19

"Saulo, Saulo, ¿por qué me persigues?", le dijo Jesús a Saulo al acercarse éste a Damasco. Habiéndose operado un gran cambio en Saulo, –de allí en más llamado Pablo– llegó a ser misionero del Señor para llevar el nombre de Jesús a los gentiles, a sus reyes, y al pueblo de Israel. Dibuje un rostro de Saulo descontento de un lado del vaso y un Pablo feliz del otro lado. Dibuje el rostro de Jesús en otro vaso. Haga circular por la mesa el vaso Saulo/Pablo, mientras cuenta cómo llegó Pablo a la fe en Jesús su Salvador. Pídale a la clase que le ayude a descubrir en cada niño del grupo un don particular que el Señor le haya dado y que pueda servir para compartir el Evangelio.

### Jesús y los niños: Mateo 19:13-15

"Dejen que los niños vengan a mí", dijo Jesús a sus discípulos al intentar éstos impedir que los niños se acercaran a él. Pida a cada niño que haga un dedal que lo represente. Haga uno que represente a Jesús. Mientras cuenta la historia de Jesús que llama a los niños a acercarse a él, vaya arrimando los dedales de los niños a la figura de Jesús. Hecho esto, que los niños tomen sus dedales mientras cantan "Cristo me ama, bien lo sé" (C.C. Nº 375), o "Cristo a los niños quiere" (C.C. Nº 374).

# MARGARITA

**Materiales necesarios:** Vaso de tergopol o papel, papel kraft amarillo, tijeras, pegamento, cordones rígidos verdes, cinta adhesiva.

## Tareas

1. Utilice el fondo del vaso para trazar un redondel amarillo; recórtelo.
2. Corte un tercio de la parte superior de un vaso de papel.
3. Recorte pétalos equidistantes entre sí (aproximadamente 20 a 24 mm, según el tamaño del vaso), desde el borde del vaso hacia el centro.
4. Pegue el redondel amarillo en el centro del vaso.
5. Con cinta adhesiva, pegue el extremo del cordón rígido a la parte de atrás de la margarita.

## Más tareas

- Escriba un versículo bíblico apropiado, o una frase, sobre el redondel amarillo y péguelo después en el centro de la flor.
- Redondee los bordes y haga flecos en cada pétalo.
- Haga el tallo de la flor de un pajita de bebida, un lápiz, o un palillo de madera.
- Con un vaso (página 46), haga un florero donde colocar las flores.
- Péguele hojas de papel kraft al tallo. O bien, forme hojas con un cordón rígido y adhiéralas al tallo de la margarita.
- Prenda margaritas en la pizarra de notificaciones de la clase, o bien que los niños hagan margaritas como una artesanía para llevar a casa o para regalo.

## Conexión bíblica

Dios cuida de las flores: Mateo 6:28-34

"Observen cómo crecen los lirios del campo", dijo Jesús para recordarnos de que Dios, quien hizo las flores y cuida de ellas, también nos creó y cuida de cada uno de nosotros. Pida a cada niño que haga una flor para prenderla en la pizarra de notificaciones de la clase, con las palabras "Dios sabe lo que necesitamos" escritas en el centro de la flor. Prenda las margaritas en la pizarra de notificaciones e inste a los niños a discurrir acerca del cuidado de Dios respecto de ellos, proveyendo a sus necesidades diarias, en particular la necesidad del perdón de pecados. Como opción, que cada niño haga una margarita para llevar a casa, en un florero hecho de un vaso, con la siguiente inscripción: "Dios cuida de (nombre del niño)". Entonen la canción: "¿Quién puede hacer las flores?" (C.C. Nº 387).

# ESPIRAL FESTIVA

**Materiales necesarios:** Vaso de papel coloreado, tijeras, bolígrafo, hilo de lana, cinta, o cuerda, cinta adhesiva, stickers metálicos o fibras de tejido decorativas (optativo).

## Tareas

1. Recorte el borde de un vaso de papel.
2. Recorte una larga espiral a lo largo del vaso.
3. Haga un agujero pequeño con el bolígrafo, al final de la espiral. Meta el extremo de un trozo de hilo por el agujero y anúdelo.

## Más tareas

- Con un marcador indeleble, escriba un versículo bíblico apropiado, o una frase, alrededor del borde del vaso o a lo largo de la espiral.
- Suspenda varias espirales juntas.
- Corte varias tiras oblicuas paralelas desde el borde del vaso hacia el centro. Tire suavemente de las tiras para estirarlas.
- Como decoración de su sala de clases, haga pequeñas espirales para armar un móvil en ocasión de una fiesta de la iglesia o de un feriado nacional.
- Añada pegamento de brillantinas, lentejuelas, estrellas metálicas y fibras de tejido.
- Forre un vaso de tergopol con papel y recorte una espiral para ornamentación.
- Haga espirales de vasos más grandes, para decorar su sala de clases en ocasiones especiales, o como artesanía para llevar a casa.
- Utilice espirales pequeñas como ornamentos de un árbol, y espirales de vasos grandes para un móvil suspendido.

## Conexión bíblica

La creación de los cielos y la tierra:
Génesis 1:1

Dios creó el universo en el cual vivimos. Pida a los niños que recorten una espiral de un vaso de papel azul. Agregue estrellas metálicas y redondeles coloreados que representen planetas. Tenga a mano libros con ilustraciones de planetas y estrellas, para que los niños observen y tengan ideas acerca de qué dibujar sobre sus espirales. Mientras los niños estén atareados, hábleles acerca de las maravillas de la creación de Dios. Mande a los niños completar las palabras del siguiente himno de alabanza, y que después levanten en alto sus espirales mientras cantan al unísono:

*¿Sabes cuánta clara _ _ _ _ _ _ _ _ presta al cielo su fulgor?*

*¿Sabes cuánta nube _ _ _ _ _ va del mundo alrededor?*

*Sólo Dios las ha contado, y ninguna le ha _ _ _ _ _ _ _:*

*Entre todas, ¿cuántas son? Entre todas, ¿_ _ _ _ _ _ _  _ _ _?*

(C.C. N° 388)

# DIORAMA

**Materiales necesarios:** Vaso de papel o tergopol, tijeras, papel kraft, pegamento.

## Tareas

1. Recorte una abertura en un lado del vaso.
2. Corte papel kraft que se amolde al interior del vaso y péguelo.
3. Recorte y pegue detalles de papel kraft.
4. Recorte, de papel kraft, una o dos figuras que representen una historia bíblica. Agregue detalles con marcadores, lápices de colores o crayones. Pegue figuras en la base del vaso.

## Más tareas

- Componga personajes de la Biblia con broches de ropa, figuras artesanales de madera, cordón rígido, o recorte figuras de folletos referidos a la Biblia y péguelos dentro del diorama.
- Pegue algodón en el borde superior para representar nubes. Pegue objetos naturales, como piedras, corteza de árboles o ramas pequeñas en la parte de abajo dentro el vaso.
- Haga un corte en el lado del vaso y pase un palillo de madera con una figura adherida. Mueva el palillo de un lado a otro, dando movimiento al títere.
- Con un marcador indeleble, escriba un versículo o frase de la Biblia en la base del diorama.
- Utilice el diorama como elemento ilustrativo para el relato de una historia, o durante un repaso. También puede servir como artesanía para llevar a casa.

## Conexión bíblica

La ascensión de Jesús: Hechos 1:1-11

Cuarenta días después de su resurrección, Jesús volvió al cielo. Haga un diorama que sirva como elemento de apoyo en el relato de una historia. Ponga un vaso boca abajo, recorte una ventana y pegue papel azul dentro el vaso. Pegue una nube de papel blanco arriba y pasto verde abajo. Copie la figura de Jesús de la página 56. Coloréela y recórtela. Practique un agujero en la base del vaso. Después pegue el extremo de un trozo de hilo en la parte posterior de la figura. Pase el hilo por el agujero de la base. Escriba en el vaso las palabras: "Él vendrá otra vez." Mueva la figura de Jesús hacia arriba mientras cuenta la historia. Hábleles a los niños acerca del modo en que Jesús viene a nosotros hoy, por medio de la Palabra, el Bautismo, y la Santa Cena.

# TÍTERE DE BORRICO

**Materiales necesarios:** Vaso grande de papel o tergopol, papel kraft marrón, negro y rojo, tijeras, pegamento, lápiz, palillo artesanal de madera, cinta adhesiva.

## Tareas

1. Corte y pegue papel kraft marrón sobre los lados de un vaso de papel.
2. Trace y recorte dos redondeles de papel, uno para la base y otro para la parte de arriba del vaso. Pegue el redondel pequeño en la parte de fuera del fondo del vaso.
3. Recorte redondeles negros y péguelos, para los ojos, uno a cada lado del vaso.
4. Recorte dos orejas de papel kraft marrón. Dóblelas a lo largo y péguelas al vaso.
5. Haga un corte en la parte inferior del vaso y pase por allí el palillo de madera. De ser necesario, fíjelo con cinta adhesiva.
6. Pegue el redondel grande sobre la parte abierta del vaso.
7. Utilice el títere sujetándolo por el palillo.

## Más tareas

- Utilice los moldes de orejas y boca de la página 62.
- Pinte un vaso de papel con pintura acrílica marrón.
- Forre un vaso con el papel de una bolsa marrón.
- Pegue ojos artesanales movibles, o dibújelos con un marcador.
- Adapte el borrico para crear algún otro animal mencionado en las historias bíblicas, como un caballo o una oveja.
- Utilice el títere como elemento de apoyo ilustrativo en el relato de una historia. Pida a los niños que hagan un títere para contar una historia bíblica a alguien.

## Conexión bíblica

La entrada triunfal: Lucas 19:28-44

"Clip, clop, clip, clop", avanzaba el burrito llevando a Jesús dentro de Jerusalén aquel primer Domingo de Ramos. Haga un títere de borrico para contar la historia de aquel maravilloso día en que la multitud tomó ramas de palma, agitándolas, y el aire se llenó de gritos de "¡hosanna!" Explique a los niños que la palabra "hosanna" significa: "¡Sálvanos ahora!" Diga a los niños que por turno levanten el títere y conduzcan a la clase caminando por la sala, mientras entonan un alegre canto de "hosanna" a Jesús, quien vino para "salvarlos ahora". (Pueden entonar, p. ej., los himnos Nº 348 y Nº 404 del C.C.)

# ÁRBOL DE HOJA PERENNE

**Materiales necesarios:** Vaso en forma de cono, (si no encuentran un vaso en forma de cono, adapte un molde para hacer uno de papel, plástico o tergopol), papel kraft, pegamento, tijeras.

## Tareas

1. Forre el cono con papel kraft verde (molde en página 51), o pegue un triángulo de papel kraft verde en torno a un cono de papel, plástico o tergopol, de modo que la parte superior del papel termine en punta.
2. Recorte el papel en la base, para emparejarlo con el borde del vaso.

## Más tareas

- Decore el árbol con trozos de papel kraft, stickers, cintas, pegamento de brillantinas o recortes de tela.
- Escriba en el árbol un versículo de la Biblia apropiado, o una frase.
- Cubra el cono con glaseado verde. Espolvoree con brillantinas y deje secar el glaseado hasta que endurezca.
- El árbol puede servirle como componente de un diorama. Puede usarlo, además, como elemento ilustrativo en el relato de una historia, o como artesanía para llevar a casa.

## Conexión bíblica

Genealogía de Jesucristo: Mateo 1:1-17

"...y Jacob fue padre de José, que fue el esposo de María, de la cual nación Jesús, llamado el Cristo." De esta manera finaliza Mateo su genealogía acerca de Jesús (Mateo 1:16). En la genealogía encontramos varios personajes del Antiguo Testamento cuyos nombres nos resultan familiares, incluyendo a Isaí, padre del rey David. Haga un "árbol de Isaí" para recordar las numerosas personas que estuvieron esperando por el Mesías prometido. Escriba los nombres más conocidos de estos antepasados sobre redondeles engomados y péguelos en el árbol, mientras usted y los niños hablan acerca de lo necesario que fue para ellos, al igual que para nosotros, que Jesús viniera y nos salvara a todos de nuestros pecados.

# PEZ

**Materiales necesarios:** Vaso de papel o tergopol, tijeras, papel kraft, pegamento.

## Tareas

1. Corte el fondo del vaso. Deforme el vaso levemente para lograr ambos lados del pez. Haga la cabeza en cualquiera de los dos extremos del vaso.
2. Recorte dos redondeles y péguelos a ambos lados del vaso para los ojos.
3. Recorte branquias y aletas y péguelas donde corresponde.
4. Recorte una cola y péguela en el lugar correspondiente.

## Más tareas

- Utilice un vaso de plástico para el cuerpo del pez. (El vaso de plástico no se deja deformar).
- Deje la base circular si es un vaso de papel o de tergopol. Recorte una boca redonda en la base.
- Dibuje detalles en el pez con marcadores indelebles.
- Agregue frases o versículos bíblicos con un marcador indeleble, o con marcadores de agua sobre papel kraft.
- Agréguele escamas hechas de papel kraft, stickers o tela.
- Decore el pez con pegamento de brillantinas, pintura para telas soplada, lentejuelas, papel de seda colorido, o hilachas de tela.
- Aplique sólo ojos artesanales movibles, o pegados sobre redondeles de papel kraft o fieltro.
- Utilice los moldes de la página 55. Pegue dos triángulos de papel kraft –uno para cada lado del pez– en el borde del vaso, para hacer más larga la cabeza del pez, uniendo las dos puntas rematándolas en una boca redonda.
- Haga varios peces para armar un móvil. Perfore la parte superior de los peces y áteles un hilo. Suspéndalos y agrégueles tiras de cinta metálica o azul enrollada.
- Haga la cola del pez con tiras coloreadas de papel de seda colgantes.

## Conexión bíblica

Jonás: El libro de Jonás.

El amor de Dios demostrado al pueblo de Nínive, nos recuerda su compasión por todas las personas. Haga un pez que le sirva de elemento de apoyo en la enseñanza. Recorte el fondo del vaso. Con la ayuda de marcadores dibuje sobre un broche de ropa el rostro y cuerpo de Jonás. O si no, vea los moldes de la página 55, y haga un Jonás con un vaso lo suficientemente pequeño como para que quepa en la boca del pez. Con el pez y la figura de Jonás, cuente acerca de la gracia de Dios demostrada a Jonás, Nínive, y todos nosotros.

# FLOR

**Materiales necesarios:** Vasos de papel coloreados, tijeras, palillo de madera o pajita de bebida (popote), pegamento o cinta adhesiva, marcador (optativo).

## Tareas

1. Forme pétalos cortando cuatro o más tiras de arriba abajo, en un vaso de papel, sin desprenderlas del fondo. (Optativo: En la página 61 encontrará moldes de flores).
2. Doble levemente los pétalos hacia fuera.
3. Pegue o adhiera a la parte de atrás del vaso el extremo de un palillo de madera o pajita de bebida.

## Más tareas

- Redondee con tijeras los extremos de los pétalos.
- Recorte formas de hojas, de papel kraft, para adherir a las flores.
- Con un lápiz haga un agujero en la base de un vaso, después inserte el extremo de una pajita de bebida flexible. De ser necesario, ajuste la pajita con cinta adhesiva. Doble la pajita en el ángulo deseado.
- Forre un vaso de tergopol con papel, antes de recortar la flor.
- Tenga a mano vasos de diferentes tamaños y colores.
- Encaje el palillo de madera, o la pajita, en la parte superior de un florero hecho de un vaso de tergopol o papel puesto boca abajo. (Vea la página 46).
- Escriba una frase bíblica o versículo apropiados sobre un redondel pegado en el centro de una flor, o escriba el versículo sobre el florero en el que la flor queda colocada.
- Haga flores para poner en las pizarras de notificaciones, o para llevar a casa y regalarlas a alguien.

## Conexión bíblica

Rebosar de amor:
2 Tesalonicenses 1:3

El apóstol Pablo dijo: "Hermanos, siempre debemos dar gracias a Dios por ustedes, como es justo, porque su fe se acrecienta cada vez más, y en cada uno de ustedes sigue abundando el amor hacia los otros." Dios quiere que sus hijos rebosen de amor a él y de unos a otros. Pida a los niños que hagan flores para colocar en un florero. Dibuje corazones sobre los floreros y agregue las palabras: "Abunden en la fe y el amor." Mientras los niños están ocupados, hábleles acerca de Dios, quien nos amó primero y que, por lo tanto, nosotros ahora podemos amar a los demás.

# CAJA PARA REGALO

**Materiales necesarios:** Vaso de papel o tergopol, regla, lápiz, tijeras, papel kraft, pegamento, regalo, cinta.

## Tareas

1. Con ayuda de una regla, marque levemente con un lápiz cuatro líneas equidistantes en el lado del vaso, de arriba abajo, hasta la mitad. Corte las líneas con las tijeras.
2. La parte superior del vaso quedará dividida en cuatro secciones. Corte y quite dos secciones opuestas.
3. Doble las otras dos secciones restantes para formar una tapa.
4. Decore la tapa y los lados de la caja a gusto con papel kraft.
5. Coloque el regalo en la caja.
6. Sujete la tapa con una cinta.

## Más tareas

- Decore la caja con papel de envolver, papel de seda coloreado, stickers, o lápices de colores.
- Escriba en la caja, con marcadores, un versículo apropiado de la Biblia, o una frase.
- Ponga la caja a disposición como alcancía para monedas para la ofrenda.
- Copie, corte y pegue en la caja el molde de un corazón de la página 53.

## Conexión bíblica

La ofrenda de la viuda: Marcos 12:41-44

El pueblo de Dios demostraba su gratitud trayendo ofrendas para ayudar a levantar un templo para el Señor. Observando esto, Jesús señaló a sus discípulos una viuda pobre que echó todo lo que tenía, todo su sustento –dos moneditas de muy poco valor– en el tesoro del templo. Vea que cada niño haga una caja para recoger una ofrenda y llevarla a Dios hoy. Decore la caja con stickers de corazones, u otros que fueren apropiados. Como algo optativo, escriba con un marcador indeleble un versículo bíblico o una frase escogida de un himno conocido relativo a la mayordomía.

Epifanía: Mateo 2:1-12

Cuando vieron la estrella en el cielo, los sabios del Oriente la reconocieron como una señal de que el Rey de los judíos finalmente había nacido. Emprendieron un viaje muy largo para adorar al Niño Mesías, y le presentaron como regalos oro, incienso, y mirra, regalos que por sí mismos fueron proféticos. Hable con los niños acerca de la tradición de ofrecer regalos en Navidad y Reyes, explicándoles que es debido a que Dios nos dio el regalo de mayor importancia, un Salvador de pecados.

# TÍTERE SUSPENDIDO

**Materiales necesarios:** Vaso de papel, plástico o de tergopol (250 ml), marcadores, papel kraft, pegamento, tijeras, lápiz, hilo de lana, cinta adhesiva, palillo de madera artesanal.

## Tareas

1. Recorte manos y pies. Corte ocho tiras de papel kraft (2 cm de ancho por 23 cm de largo).
2. Coloque el vaso boca abajo y añada la cara a la parte de arriba del vaso.
3. Dibuje rasgos faciales, o recórtelos de papel kraft. Corte hilo o papel kraft para el cabello.
4. Doble dos tiras en forma de fuelle de acordeón. Comience uniendo con pegamento los extremos de dos tiras en ángulo recto. Pliegue la tira de abajo sobre la de arriba. Alterne el plegado hasta alcanzar los extremos de las tiras.
5. Recorte la tira dándole largo deseado para brazos y piernas. Pegue las manos y los pies a los brazos y piernas. Pegue los brazos a los lados del vaso. Pegue las piernas en la parte de dentro del borde del vaso.
6. Con un lápiz, haga un agujero pequeño en la parte de arriba del vaso. Corte un trozo de hilo y pase un extremo por el agujero. Fije con cinta adhesiva el extremo en la parte de dentro del vaso. Ate el otro extremo a un palillo de madera. Como algo optativo, corte dos trozos más de hilo y fije el extremo de uno a un pie, y un extremo del otro al otro pie. Asegure los otros dos extremos al palillo para hacer una marioneta.

## Más tareas

- Para la cabeza, manos y pies, utilice los moldes de la página 56.
- Forre un vaso de tergopol con papel kraft, papel de envolver, o tela.
- Utilice hilo de lana deshilachado para el cabello, o pelo artesanal.
- Pegue ojos movibles.
- Corte tiras de fieltro para brazos y piernas. Agréguele peso a los pies con botones o arandelas pequeñas.

## Conexión bíblica

La hija de Jairo: Marcos 5:21-43

El hijo de la sunamita: 2 Reyes 4:8-37

Haga títeres para emplearlos como elementos de apoyo al contar estas historias, partiendo del punto de vista de los niños. Ayúdelos a que vean el paralelo entre la acción de Jesús de volver a la vida a los niños de la Biblia, su propia resurrección, y nuestra esperanza de la vida eterna en el cielo gracias a él. Enséñeles a los niños oraciones de gratitud por las veces en que Jesús los sanó estando enfermos.

# FARO

**Materiales necesarios:** Vaso grande de papel, plástico o tergopol (500 ml) con una tapa de plástico, vaso más pequeño (100 ml), tijeras, papel kraft, pegamento, lápiz (optativo), marcador indeleble (optativo).

## Tareas

1. Corte tiras de papel kraft que circunden el vaso grande.
2. Corte una tira amarilla que circunde el vaso más pequeño que debe representar la luz.
3. Pegue las tiras de papel kraft alrededor de los vasos.
4. Coloque ambos vasos boca abajo. Únalos con pegamento, colocando entre ellos la tapa de plástico. Si no tiene tapa, pegue un trozo de papel kraft recortado que ajuste entre los vasos.

## Más tareas

- Agregue lentejuelas o brillantinas y purpurinas a la luz.
- Escriba "Jesús es mi luz", o algún versículo bíblico apropiado, sobre una de las tiras de papel, antes de pegarla alrededor del faro.
- Con papel kraft y marcadores, agregue detalles a la parte superior del faro, o pegue papel aluminio o lámina de envolver translúcida.
- Recorte ventanas en el vaso superior y practique un agujero que comunique ambos vasos. Coloque una linterna en el vaso inferior.
- Utilícelo como elemento de ayuda visual o como una artesanía en apoyo de historias bíblicas, que pongan énfasis en que Jesús es la luz del mundo.

## Conexión bíblica

Jesús es la luz del mundo: Juan 8:12

Hable con los niños acerca de cómo la luz de un faro evita que los barcos se metan en aguas turbulentas. Explíqueles que el faro nos recuerda un pasaje bíblico que habla acerca de Jesús, nuestro Salvador, como una luz brillante que nos alumbra el camino al cielo. Explíqueles que Jesús trajo al mundo perdido en las tinieblas del pecado, la luz del perdón. Pida a los niños que hagan un faro con el versículo de Juan 8:12 escrito en él, para llevar a casa. Canten el himno Nº 158 del C.C., o alguno de los siguientes himnos: C.C. Nº 394 - 397.

*Concepto de Shelia Walsh*

# LIRIO

**Materiales necesarios:** Vaso blanco de tergopol o papel, tijeras, regla, lápiz, palillo de madera artesanal, papel kraft verde y amarillo, pegamento.

## Tareas

1. Con ayuda de una regla, trace líneas paralelas espaciadas 25 mm en el lado del vaso de papel todo alrededor, de arriba abajo.
2. Corte a lo largo de las líneas hasta la base, para formar los pétalos.
3. Corte cada pétalo en punta.
4. Corte una tira de papel kraft amarillo y hágale flecos. Enrolle la tira, doble un extremo y péguelo en el centro del interior del vaso.
5. Forre el palillo de madera con una tira de papel kraft verde. Recorte hojas verdes y péguelas al palillo en lados opuestos. Pegue el palillo a la parte de atrás (la base) del vaso.

## Más tareas

- Aproveche los moldes de lirio y flores de la página 61.
- Escriba un versículo bíblico apropiado, o una frase, en las hojas.
- Siga las instrucciones para hacer un florero colocado boca abajo, de un vaso de papel o tergopol (página 46). Encaje el tallo del lirio en la base del vaso para que quede erguido.
- Haga el estambre del lirio con un cordón rígido amarillo.
- Haga otro tipo de lirios con diferentes vasos coloreados, o pegue papel kraft alrededor de un vaso de tergopol antes de recortar los pétalos.
- Dé vuelta una bandeja de tergopol y encaje palillos de madera para hacer un jardín de lirios.

## Conexión bíblica

La resurrección: Mateo 28:1-10

"¡Ha resucitado!" Éstas fueron las palabras del ángel aquel primer Domingo de Pascua. Recorte las palabras y préndalas en la pizarra de notificaciones de la clase. Mande que cada niño haga un lirio para prender en la pizarra. Pida a los niños que hagan un florero con un vaso de papel, para poner su lirio y llevarlo a casa como un continuo recordatorio de que Jesús vive. Los lirios blancos frecuentemente se utilizan como decoración en la fiesta de la Pascua, para simbolizar la pureza. Los lirios también nos recuerdan la vida nueva que recibimos por la muerte y resurrección de Jesús.

# TÍTERE DE LEÓN

**Materiales necesarios:** Vaso de papel o plástico amarillo, papel kraft (amarillo y anaranjado), marcador negro de trazo fino, tijeras, hilo de lana amarillo, pegamento.

## Tareas

1. Utilizando la parte superior del vaso como molde, trace un redondel grande anaranjado para la melena. Con la base del vaso como molde, trace un redondel amarillo para la cabeza. Con una moneda grande trace un redondel para dos patas anaranjadas. Con una moneda pequeña trace dos orejas anaranjadas. Recorte todos los redondeles.
2. Para las orejas, pegue los redondeles correspondientes arriba, en la parte posterior de la cabeza, de modo que medio redondel sobresalga de ésta.
3. Haga flecos en el borde exterior de la melena.
4. Pegue la cabeza a la melena. Con un marcador dibuje ojos y nariz del león. Ponga el vaso boca abajo y pegue la cabeza al vaso.
5. Doble los redondeles de las patas por el medio y pegue una mitad de cada redondel en la parte de adentro del vaso, de modo que la otra mitad sobresalga en la parte de fuera.
6. Para la cola, deshilache un extremo de un trozo de hilo de lana y pegue el otro extremo en la parte interior del vaso.

## Conexión bíblica

Daniel en el foso de los leones:
Daniel 6

Daniel confió en Dios y le fue fiel incluso cuando su vida estuvo amenazada. El ángel del Señor protegió a Daniel de ser devorado por los leones. El rey llegó a creer en el Señor y lo reconoció como el único Dios verdadero. Haga varios leones que le sirvan de elemento de apoyo al contar la historia. Haga un Daniel, un rey y un ángel. Para ello, utilice uno de los proyectos de títeres de este libro. Pida a los niños que hagan un juego de títeres y los peguen sobre una bandeja de tergopol para armar un diorama, y que sobre la bandeja escriban: "Dios protege a sus hijos", o una frase similar.

## Más tareas

- Forre un vaso de tergopol con papel kraft amarillo.
- Pegue ojos movibles o recorte ojos de papel kraft.
- Utilice los moldes de la melena, cabeza y cuerpo de la página 63.
- Recorte diferentes tipos de cabezas para hacer otros animales (osos, ovejas, etc.).
- Arme con el león una dramatización titiritera de una historia bíblica, o componga un equipo de animales sobre una bandeja de plástico para un diorama.

# MEGÁFONO

**Materiales necesarios:** Vaso de papel o tergopol, papel kraft, marcadores o crayones, pegamento, tijeras.

## Tareas

1. Quite, cortándolo, el fondo del vaso. (Si es un vaso de tergopol, alise los bordes irregulares que quedan por el corte frotando con un dedo).
2. Recorte un trozo de papel kraft de color claro del tamaño del vaso (molde optativo en la página 50).
3. Decore el megáfono con marcadores o crayones.
4. Pegue el papel alrededor del vaso.

## Más tareas

- Decore el megáfono con stickers de motivos religiosos, figuras de tergopol previamente recortadas, stickers de álbum de fotos, o recortes artesanales.
- Escriba las palabras directamente sobre el vaso con marcador indeleble.
- Mande a toda la clase trabajar en conjunto para componer un canto de alabanza a Dios.
- Escriba un estribillo de alabanza para decir o cantar por el megáfono.
- Utilice un vaso de papel con asa, o si no, péguele una de papel.
- Emplee el megáfono para una clase de meditación religiosa, o como un proyecto para llevar a casa.

## Conexión bíblica

Los Salmos de David: Salmo 150

"¡Alabado sea el SEÑOR!", escribió David en muchos de sus salmos. Haga un megáfono y escriba las palabras "¡Alabado sea el SEÑOR!" sobre un trozo de papel para pegarlo cubriendo el megáfono. Pegue figuras de elementos o cosas mencionadas en el Salmo y que David indica que sirven para alabar a Dios. Sirviéndose del megáfono, alabe a Dios entonando un canto conocido, como, p. ej., "Cantad al Señor", Nº 68 del libro de cantos *¡Cantad al Señor!* O si no, complete el siguiente estribillo, para alabar a Dios (vea el Salmo 136):

Den gracias al SEÑOR, porque él es bueno;
*Su gran amor* ------- ---- ------
Al único que hace grandes maravillas;
-- ---- ---- ------- ---- -----
Al que alimenta a todo ser viviente;
-- ---- ---- ------- ---- -----
¡Den gracias al Dios de los cielos!
-- ---- ---- ------- ---- -----

# MÓVIL

**Materiales necesarios:** Vaso de papel, plástico o tergopol, marcadores, hilo, tijeras, papel kraft, lápiz, cinta adhesiva.

## Tareas

1. Dibuje algunos cuerpos simples, formas o figuras, sobre papel kraft y recórtelos.
2. Corte trozos de hilo y péguelos con cinta adhesiva a la parte posterior de cada figura o elemento. Pegue el otro extremo de los hilos en la parte interior de la base del vaso.
3. Con la punta de un lápiz perfore los lados del vaso. Haga un mango para el móvil pasando un hilo por los agujeros.

## Más tareas

- Quite, cortando, la base del vaso y corte el borde.
- Decore el vaso con stickers o recortes de tela.
- Trace y recorte redondeles de papel para colgar del móvil. Con cinta adhesiva pegue el hilo a uno de los redondeles y arriba de éste pegue otro. Decore ambos lados de los redondeles con stickers, pasajes bíblicos o símbolos religiosos.
- Forre un vaso de tergopol con papel kraft.
- Escriba directamente sobre el vaso con un marcador indeleble.
- Haga símbolos y figuras con goma eva o cartón prensado, para colgar del móvil.
- Haga móviles para ilustrar lecciones de cierta particularidad, o para las fiestas y días del calendario cristiano.

## Conexión bíblica

### Semana Santa

Haga un móvil que sirva de apoyo visual para comprender el significado de la Semana Santa. Emplee símbolos relacionados con la Semana Santa (moldes en las páginas 58 y 59)  y péguelos sobre redondeles de cartón o goma eva y suspéndalos del móvil. Revea cada acontecimiento en la vida de Jesús durante su última semana en la tierra, como ser, la entrada triunfal en Jerusalén, la Última Cena, el arresto y juicio, y demás acontecimientos. Recuérdeles a los alumnos que, gracias a Jesús, se nos perdonan los pecados y podemos regocijarnos en Pascua y todos los días de nuestra vida.

### El domingo de la Santísima Trinidad

Emplee los moldes de la página 60. Pegue triángulos alrededor del vaso. Pegue formas de cruz, llama, y manos sobre redondeles y préndalos del móvil. Durante la apertura de una clase, señale los diferentes símbolos recordando los tres personas de la Trinidad.

# ORNAMENTO

**Materiales necesarios:** Vaso de papel amarillo, papel kraft, marcadores de trazo fino, tijeras, pegamento de brillantina, hilo o cinta, cinta adhesiva.

## Tareas

### Estrella ornamental

1. Corte el vaso por el medio.
2. Corte cinco tiras igualmente espaciadas hasta el fondo del vaso.
3. Despliegue las tiras y recórtelas dándoles forma de estrella.
4. Trace, sobre papel kraft, un redondel del tamaño de la base del vaso, recórtelo y péguelo sobre el fondo del vaso.
5. Corte un trozo de cinta o de hilo, anúdelo y péguelo con cinta adhesiva a la parte posterior de la estrella.
6. Decore la estrella con pegamento de brillantina y recortes de tela.

### Ornamento redondo

1. Corte el lado del vaso, dejando un borde corto, de aproximadamente 25 mm de profundidad.
2. Trace, sobre papel kraft, un redondel del tamaño de la base del vaso, recórtelo y péguelo sobre el fondo del vaso.
3. Péguele al redondel un sticker, una figura recortada de una postal, una fotografía o dibujo.
4. Corte un trozo de cinta o hilo, anúdelo y péguelo a la parte posterior del ornamento redondo.
5. Decore el ornamento con pegamento de brillantina y recortes de tela.

## Conexión bíblica

Tu luz ha llegado: Isaías 60:1

Muchísimos años antes de que Jesús hubiera nacido, el profeta Isaías proclamó la venida del Mesías. Pida a los niños que hagan una estrella para colgar, que les recuerde las palabras de Isaías 60:1, "¡Levántate y resplandece, que tu luz ha llegado!" Explíqueles a los alumnos que las palabras señalan a Jesús, la luz del mundo, nuestro Redentor y Salvador prometido. Dígales a los niños que hagan una estrella ornamental y escriban las palabras: "Nuestra luz ha llegado."

## Más tareas

- Escriba un versículo bíblico apropiado, o una frase, en el centro del redondel.
- Suspenda varias estrellas o adornos, para formar un móvil.
- Utilice la estrella como una artesanía para ilustrar uno de muchos pasajes bíblicos en que se mencionan estrellas.
- Haga decoraciones para la sala de clases o para llevar a casa, en ocasión de la Navidad o la Pascua.

# PIÑATA

**Materiales necesarios:** Vaso de tergopol, papel de seda coloreado, hilo, caramelos envueltos en papel u objetos para regalo, tijeras, pegamento, lápiz.

## Tareas

1. Corte tiras de papel de seda, hágales flecos de un lado y, comenzando desde la base, vaya pegándolas rodeando el vaso.
2. Recorte y pegue figuras o formas (p. ej., estrellas) de papel de seda a los lados del vaso.
3. Perfore con el lápiz dos lados opuestos del borde del vaso.
4. Corte un trozo de hilo, pase ambos extremos por los agujeros y átelos.
5. Recorte serpentinas de papel de seda y péguelas rodeando la base del vaso.
6. Llene el vaso con caramelos envueltos en papel o pequeñas sorpresas (regalos).
7. Suspenda la piñata en un lugar abierto y que los niños, por turno, con los ojos vendados, traten de romperla con un palo.

## Conexión bíblica

Visita de los sabios: Mateo 2:1-12

Los sabios procedentes del Oriente, que siguieron la estrella que los condujo a una tierra muy lejana para ir a adorar al nuevo Rey, nos recuerda que Jesús vino para traer perdón de pecados y salvación a todos los pueblos. Pida a la clase que haga una piñata para recordarles que Jesús vino también para los niños de otros países. Haga estrellas con el molde de la estrella de Epifanía de la página 53 y péguelas al vaso, o pegue stickers de estrellas de colores brillantes a la piñata. Como idea optativa: con una piñata vacía colecte dinero para comprar regalos, en Navidad, para niños de su barrio procedentes de familias de pocos recursos.

## Más tareas

- Pegue serpentinas de cinta, papel de seda o papel kraft, rodeando la base del vaso.
- Forre el vaso con papel kraft o papel de envolver.
- Recorte cuadrados de papel de seda, estrújelos y péguelos al vaso.
- Una dos vasos con pegamento y pase un trozo de hilo por uno y péguelo para servir de asidero.
- Utilice la piñata para una fiesta de Navidad o Epifanía en la sala de clases, o adáptela para Pascua u otra fiesta de la iglesia.
- Utilice vasos pequeños como recuerdos de una fiesta, o para colocar en la mesa en la ubicación de cada comensal, en una comida de Navidad o Epifanía.

# TÍTERE CAJA DE SORPRESA

**Materiales necesarios:** Vaso de papel, plástico o tergopol, papel kraft, palillo de madera, pegamento, tijeras, marcadores.

## Tareas

1. Dibuje una figura o una forma sobre papel kraft y recórtela.
2. Pegue la figura sobre un palillo de madera.
3. Perfore la base del vaso con el otro extremo del palillo y páselo por el agujero.
4. Con un movimiento hacia arriba, haga aparecer fuera del vaso la figura del palillo, en el momento apropiado de la narración de una historia.

## Más tareas

- Decore el vaso con marcadores indelebles o con papel kraft.
- Haga la figura de cartón prensado o fieltro, o dibújela sobre un palillo artesanal, preferentemente plano.
- Recorte una línea espiral alrededor del vaso y vaya moviendo una figura dibujada sobre un palillo de abajo arriba por la espiral, para dar la impresión de ir escalando una montaña o colina.
- Utilice el títere caja de sorpresa como elemento de apoyo de la narración de una historia, o como elemento de apoyo visual para la entonación de una canción de la escuela bíblica, como, p.ej.: "Mis dos ojitos que miran a Dios" (C.C. N° 383).

## Conexión bíblica

### Bautismo de Jesús: Mateo 3:13-17

Con la ayuda de los moldes de la página 57, dibuje una paloma para pegarla en un palillo. Dibuje una figura de Jesús para pegarla sobre el lado de un vaso de color azul. Pase, perforando, el extremo del palillo por el fondo del vaso y haga aparecer la paloma mientras cuenta la historia del bautismo de Jesús. Háblele a la clase acerca de lo consolador que es saber que cuando fuimos bautizados con el agua y la palabra de Dios, el Espíritu de Dios vino también para convertirnos a nosotros en sus hijos y brindarnos el perdón de pecados.

### La transfiguración: Mateo 17:1-13

Dibuje sobre uno de los extremos de sendos palillos planos las figuras de Jesús, Moisés y Elías (moldes optativos en la página 56). Cubra el vaso con un papel que represente una montaña. Haga aparecer primero la figura de Jesús, y después las de Moisés y Elías, mientras va relatando que los dos profetas hablaron con Jesús antes de que Jesús se dirigiese a Jerusalén a fin de morir por causa de nuestros pecados. Explique a la clase que la historia nos recuerda que Jesús es el Hijo de Dios, y también Dios el Hijo, la segunda persona de la Santísima Trinidad.

### Los diez mandamientos: Éxodo 20:1-17

Dibuje la figura de Moisés en ambos lados de un palillo plano, o sobre cartón prensado pegado al palillo (utilice, si le parece bien, los moldes de las páginas 56 y 57). Una de las figuras debe representar a Moisés con las tablas de la ley, y la otra al mismo Moisés sin ellas. Suba y baje el palillo por una espiral previamente recortada en el lado del vaso. Explique que nosotros tratamos de guardar los mandamientos, motivados por gratitud de amor a Dios, por haber enviado Él a Jesús a cumplirlos a la perfección en nuestro lugar y morir por cuantas veces nosotros los transgredimos.

# TÍTERE 1

**Materiales necesarios:** Vaso de papel, plástico o tergopol, papel kraft, pegamento, marcadores, tijeras, hilo (optativo).

## Tareas

1. Ponga el vaso boca abajo.
2. Guiándose por el molde de la página 50, recorte papel kraft y forre un vaso de tergopol.
3. Recorte una cara de papel kraft y agréguele detalles con marcadores. Pegue la cara sobre el lado de la parte de arriba del títere.
4. Recorte dos brazos y dos manos. Pegue las manos a los brazos, y después pegue los brazos al vaso.
5. Recorte y pegue otros detalles de papel kraft, tales como pelo, corona, etc.

## Más tareas

- En vez de papel kraft, forre el vaso con tela o papel de envolver.
- Haga duplicados de los moldes de caras y brazos de la página 52, aumentando o reduciéndolos al tamaño que necesite. Coloree las caras, recórtelas y péguelas al vaso.
- Produzca una variedad de títeres de apoyo para la narración de historias durante las lecciones.
- Con un marcador indeleble, dibuje, directamente sobre el vaso, la cara, brazos y vestimenta del títere.
- Recorte y pegue objetos que el títere pueda exhibir en las manos, tales como regalos para los sabios procedentes del Oriente (Mateo 2), o lámparas para las jóvenes solteras (Mateo 25).
- Para representar a un ángel, hágalo con un vaso blanco. Aplíquele pegamento de brillantina. Si lo desea, añádale alas y un halo de cordón rígido sujeto a un palillo de madera y adornado con brillantinas.
- Coloque los títeres en una caja para hacer un diorama; utilícelos para una representación escénica montada sobre una mesa; o pégueles palillos de madera para uso del titiritero.

## Conexión bíblica

Jesús resucita a Lázaro: Juan 11:38-44

"¡Lázaro, sal fuera!", gritó Jesús. Y Lázaro salió. Haga un títere que represente a Marta, mientras cuenta la historia de la resurrección de su hermano. Pida a los niños que hagan de cuenta que son otros de los demás personajes de la historia, y que cuenten lo que vieron y qué sintieron frente al milagro. Hágales ver a los niños que sólo Jesús, quien murió por nuestros pecados, tiene el poder de vencer a la muerte, el pecado y el dominio del diablo. Ayúdeles a percibir la semejanza entre la resurrección de Lázaro y la de Jesús. Explíqueles que nosotros también venceremos a la muerte, porque fuimos bautizados para participar en la muerte y resurrección de Jesús (Romanos 6:3).

# TÍTERE 2

**Materiales necesarios:** Vasos de papel con forma de cono, papel kraft, marcadores, tijeras, pegamento.

## Tareas

1. Coloque los vasos boca abajo.
2. Haga un molde cortando de arriba abajo el lado de un vaso de papel y poniéndolo, aplanado, sobre una hoja de papel. Trace el contorno del molde sobre un trozo de papel kraft. Aumente 12 mm como solapa, y recórtelo.
3. Dibuje brazos, manos y demás detalles sobre el molde de papel recortado, o recórtelos de papel kraft y péguelos.
4. Forre con papel kraft, pegándolo, un vaso en forma de cono.
5. Para la cabeza, trace y corte una tira de papel que rodee el títere. Dibuje una cara y péguela en la parte de arriba del cono.

## Más tareas

- Para forrar su vaso, vea y utilice el molde de la página 51.
- Dibuje caras sobre redondeles engomados para pegarlos sobre el títere.
- Con los conos haga títeres de animales.
- Mueva los títeres de aquí para allá sobre una mesa, mientras va contando una historia bíblica, o pegue un palillo de madera en la parte interior del cono para un títere con palillo.

## Conexión bíblica

El Éxodo: El libro de Éxodo

Moisés fue instrumento de Dios para sacar a su pueblo de Egipto y guiarlo hasta la Tierra Prometida. Con un cono haga una figura de Moisés, y además varios títeres adicionales que representen a los hijos de Israel. Utilice el material para una unidad de estudio acerca del Éxodo. Diga a los niños que hagan un títere de un cono que los represente a ellos, para ser utilizados en aplicaciones en vivo para estas historias. Por ejemplo, Moisés salvó a los hijos de Israel conduciéndolos a salvo cruzando las aguas del Mar Rojo. Jesús nos salva a nosotros mediante el poder de la Palabra de Dios y el agua del Bautismo.

# MARACA

**Materiales necesarios:** Vasos de tergopol, porotos (frijoles), cinta de enmascarar, harina, agua, papel de diario, papel blanco, témpera o pintura artesanal, pincel.

## Conexión bíblica

El cántico de Miriam:
Éxodo 15:20-21

Después de que el pueblo de Dios hubo cruzado a salvo el Mar Rojo, Miriam entonó un cántico de gozo en alabanza a Dios por su protección y por la victoria sobre los enemigos de los hijos de Israel. Haga sonar su maraca, entonando un canto de alabanza a Dios. Aprovechando la historia bíblica, enseñe a los niños acerca de la adoración, el culto divino y los himnos de alabanza.

## Tareas

1. Coloque porotos en un vaso.
2. Una los dos vasos con cinta de enmascarar.
3. Mezcle dos partes iguales de agua y harina.
4. Rasgue el papel de diario en tiras.
5. Remoje las tiras en la mezcla de agua y harina y enróllelas alrededor de los vasos. Comience con tiras de papel de diario y termine con tiras de papel blanco.
6. Cuando esté seco, decore con témpera o pintura artesanal.

## Más tareas

- Decore la maraca con stickers.
- Con un marcador indeleble, escriba un versículo bíblico apropiado sobre la maraca.
- Utilice arroz, en vez de porotos.
- Haga un juego de maracas para dar comienzo a la clase, o como elemento de apoyo en la narración de historias.

# TÍTERE DE OVEJA

**Materiales necesarios:** Vaso de papel o tergopol blanco, marcador indeleble, papel kraft de color negro, tijeras, pegamento, bolas de algodón.

## Tareas

1. Recorte dos orejas de papel kraft negro y péguelas, una a cada lado de la cara de la oveja.
2. Dibuje la nariz y los ojos de la oveja con marcador indeleble.
3. Corte dos agujeros en la parte de abajo del títere para pasar los dedos.
4. Pegue bolas de algodón alrededor del vaso.
5. Pase el dedo pulgar e índice por los agujeros y emplee la oveja como títere ilustrativo de narración de historias.

## Más tareas

- Copie el molde de la cara de una oveja, de la página 62, sobre cartulina blanca o cartón prensado. Pegue la cara sobre la base del vaso.
- Recorte ojos de papel kraft y péguelos. O si no, péguele ojos movibles.
- Copie la abertura del vaso sobre un trozo de cartón prensado. Recorte el redondel y péguelo sobre el borde del vaso. En vez de hacer los agujeros en la parte de abajo, recorte cuatro patas cortas de cartón prensado negro y péguelas.
- Haga títeres que representen leones u otros animales.
- Utilice el títere como elemento visual en una de las numerosas historias bíblicas en las que aparecen ovejas o pastores.

## Conexión bíblica

La oveja perdida: Mateo 18:10-14

La parábola de Jesús acerca de la oveja perdida nos recuerda su gran amor que nos invita a nosotros y a otros. Cual una oveja que se extravía apartándose del rebaño, así nosotros nos extraviamos apartándonos de Dios cuando pecamos. Lo mismo que un pastor que trae de vuelta a la oveja al rebaño, del mismo modo Jesús nos trae de vuelta a él por medio de las palabras de la Escritura y del perdón que ofrece en el Bautismo y la Santa Cena. Haga un títere de oveja como elemento de apoyo visual en la narración de una historia. Pida a los niños que hagan el suyo propio mientras cuentan la historia del amor de Jesús por los demás. Como parte de la lección, entonen un canto, como, por ej., "Ovejita afortunada" (C.C. Nº 382).

# ESPIRAL

**Materiales necesarios:** Vaso de papel, tijeras, papel kraft, recortes de tela y stickers.

## Tareas

1. Corte la base del vaso de papel.
2. Comenzando desde arriba, corte una espiral dando tres o cuatro vueltas al vaso, por lo menos.
3. Ponga en pie la espiral y decórela. Puede crear un adorno de mesa, un árbol o una torre.

## Más tareas

- Pegue papel coloreado sobre un vaso de tergopol antes de cortarlo.
- Con marcador indeleble escriba, sobre un vaso de plástico, un pasaje bíblico apropiado o un versículo. Para escribir sobre papel kraft, hágalo con un marcador de agua.
- Utilice la espiral como soporte de ornamentos colgantes, o como adorno de mesa de un día festivo.

## Conexión bíblica

Juan el Bautista: Lucas 3:1-20

La misión de Juan el Bautista consistió en preparar al pueblo para la venida del Señor. Haga una espiral de color verde y escriba en ella las palabras: "¡Prepárense para el Señor!" Como parte de las meditaciones diarias de la clase, añada stickers de estrellas a la espiral todas las mañanas, una por cada día de Adviento. El Día de Navidad pegue en la punta de la espiral una gran estrella de brillo metálico. Repase con los niños las profecías del Antiguo Testamento acerca del Mesías, las cuales hablan de Jesús como la luz que vino al mundo entenebrecido por el pecado.

La torre de Babel: Génesis 11:1-9

Cuando los habitantes de la tierra quisieron edificar una torre que llegase hasta el cielo, Dios confundió el idioma de ellos –porque hablaban uno solo– para que ya no se entendieran entre ellos mismos. De esta manera Dios los dispersó desde allí por toda la tierra, y así se originaron también muchos idiomas diferentes. Con un vaso grande de tergopol, corte una espiral, dejando intacta la parte de arriba. Encaje la espiral sobre otro vaso, para componer un zigurat del Cercano Oriente. Tenga a mano pequeñas figuras artesanales de madera al contar la historia, y explique a los niños que no por mucho que nos esforcemos estaremos más cerca de Dios, sino que él viene a nosotros en las palabras de la Biblia y por medio del Santo Bautismo y la Santa Cena.

# CRUZ CON PIE

**Materiales necesarios:** Vaso de papel o tergopol, lápiz, tijeras, papel de seda coloreado, pegamento blanco, agua, pincel.

## Tareas

1. Coloque el vaso boca abajo.
2. Con el molde de la página 57, trace una cruz sobre el lado del vaso, comenzando por la base.
3. Recorte la cruz y la base del vaso.
4. Rasgue o corte papel de seda coloreado en trozos de 12 mm cuadrados, o un poco más grandes.
5. Mezcle partes iguales de pegamento blanco y agua. Con un pincel aplique la mezcla sobre la cruz y adhiera trozos de papel de seda.
6. Finalizada la tarea, aplique la mezcla de pegamento y agua sobre la cruz, y deje secar.

## Más tareas

- Recorte cuadrados de papel de seda. Estruje los cuadrados y péguelos por toda la cruz.
- Cubra la cruz con trozos de papel kraft o recortes de tela, o píntela con pintura acrílica.
- Decore la cruz con stickers, recortes de tela, lentejuelas o brillantinas.
- Trace el molde de la cruz sobre el vaso con la base hacia abajo. Decore ambos lados de la cruz y el exterior de la base. Coloque sobre la base objetos que representen diferentes festividades del calendario cristiano.
- Habilite ambos lados de una cruz; un lado para exhibirlo durante el tiempo de cuaresma, el otro durante la Pascua.
- Con un marcador indeleble, escriba un versículo o pasaje bíblico apropiados sobre la cruz o rodeando la base de ésta.
- Pida a los niños que hagan una cruz como artesanía para llevar a casa.

## Conexión bíblica

La resurrección: Lucas 24:1-12

La tristeza de las mujeres que fueron a ver la tumba de Jesús se convirtió en gozo cuando vieron que, al morir el Viernes Santo en la cruz y resucitar el día de Pascua, Jesús había vencido al pecado, la muerte y el diablo. Diga a los niños que hagan con papel de seda coloreado con brillantinas una cruz que demuestre el gozo que sienten hoy, sabiendo que Jesús murió por los pecados de ellos y resucitó para su salvación.

# TELÉFONO

**Materiales necesarios:** Dos vasos de tergopol, lápiz, hilo de barrilete o cometa, tijeras, botones.

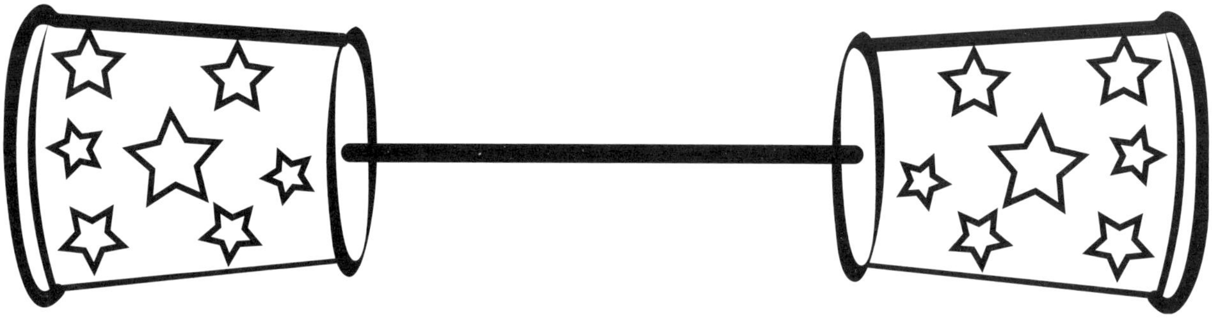

## Conexión bíblica

La gran comisión: Mateo 28:16-20

Antes de ascender al cielo, Jesús les dijo a sus amigos que vayan por todo el mundo y hablen a otros acerca de él, y que los bauticen en el nombre del Dios Trino. Haga un teléfono para que en la clase practiquen comunicarle a alguien las buenas nuevas de que Jesús murió por ellos para conseguirles perdón y salvación. Entonen un himno de bautismo.

## Tareas

1. Haga un agujero pequeño en el fondo de ambos vasos.
2. Corte un trozo de hilo de barrilete de por lo menos 60 cm de longitud.
3. Pase los extremos del hilo por los agujeros practicados en el fondo de los vasos, y después anude cada extremo a un botón.
4. Pida a dos niños que tomen cada uno un vaso y, separados por la longitud del hilo, se hablen por el teléfono. Mientras uno de los niños habla dentro del vaso, el otro mantiene su vaso pegado al oído y escucha.
5. En caso de que el teléfono no funcione, verifique los siguientes posibles problemas: Los agujeros son demasiado grandes, el hilo no es el apropiado, el hilo no está suficientemente tensado o el vaso no queda bien sellado contra la boca del niño.

## Más tareas

- Con un marcador indeleble escriba un versículo bíblico apropiado sobre cada vaso.
- Utilice el "teléfono" para el estudio práctico de una lección, o para un repaso.
- Haga un teléfono con dos envases de hojalata, vacíos y limpios, de los usados para envasar sopas, salsas o vegetales. Agujeree el fondo con un clavo y martillo.

# TELESCOPIO

**Materiales necesarios:** Vaso de papel o tergopol, tijeras, papel kraft, marcadores de trazo fino, pegamento.

## Tareas

1. Corte el fondo del vaso de papel o tergopol. (Si es un vaso de tergopol, puede limarle las partes ásperas producidas por el corte, frotando con un dedo).
2. Recorte un trozo de papel kraft ligeramente coloreado, para forrar el vaso (en la página 50 encontrará un molde por el que puede optar).
3. Pegue el papel alrededor del vaso.
4. Levante el vaso como si fuera un telescopio y observe a través de él.
5. Dibuje lo que ve sobre el papel.
6. Escriba un versículo o pasaje bíblico apropiados sobre el papel.

## Más tareas

- Haga dos agujeros en lados opuestos del vaso. Pase por ellos un trozo de hilo para suspenderlo.
- Recorte redondeles de papel kraft. Enfoque el telescopio sobre cosas pequeñas y dibújelas sobre los redondeles. Péguelos distribuidos sobre el telescopio.
- Pida a los niños que hagan telescopios como una actividad de la clase, o para la casa.

## Conexión bíblica

La creación: Génesis 1

Escriba en un trozo de papel kraft para pegar sobre el telescopio: "Dios consideró que esto era bueno". Pida a cada niño que haga un telescopio y que después observe a través de éste buscando cosas creadas por Dios. Como parte de la lección, que dibujen sobre un papel las cosas que van observando. Tomando en cuenta lo que dibujaron, prepare una oración en la que agradezcan a Dios por su providencia. Ponga énfasis en el hecho de que Dios, quien creó todas las cosas, nos creó a nosotros a su imagen y nos incorpora a su familia mediante el Bautismo.

# TORRE

**Materiales necesarios:** Vaso alto de papel o tergopol, marcador indeleble, tijeras (optativo).

## Tareas

1. Coloque el vaso boca abajo.
2. Dibuje una puerta y ventanas.
3. Con las tijeras, recorte una puerta (optativo).

## Más tareas

- Forme una villa de Palestina con la torre y cajas cubiertas. Agregue figuras hechas con cordón rígido. Utilice este escenario para la presentación de una historia bíblica.
- Apile varios vasos, de mayor a menor, para representar una torre más alta.
- Haga una torre con dos vasos. Reduzca el tamaño del segundo vaso cortándolo, y recorte almenas en el borde superior. Péguelo sobre la parte de arriba del primero.
- Con un marcador indeleble, escriba sobre la torre un versículo o pasaje bíblico apropiados, o el verso de una canción.
- Recorte, de papel kraft, ventanas, una puerta y piedras, y péguelas del lado de fuera de un vaso. O si no, dibuje, con marcadores y crayones, detalles sobre un trozo de papel kraft del tamaño del vaso.
- Haga una torre que sirva de elemento de apoyo para las presentaciones de historias sobre un escenario reducido (una mesa), o pida a los niños que hagan una torre para ilustrar un pasaje bíblico o una canción, como, por ejemplo: "Castillo fuerte es nuestro Dios".

## Conexión bíblica

El Señor es mi baluarte: Salmo 61:3

Recorte una puerta, ladrillos y ventanas para pegar sobre un vaso alto. Escriba: "El Señor es mi refugio y baluarte". Explíqueles a los niños que en la época del rey David las torres se levantaban dentro de los muros de la ciudad. Incluso si los muros fueron derribados, las personas que se encontraban en la torre estaban seguras. Mientras los niños trabajan, hábleles acerca de algunas de las ocasiones en la vida de David, en que se dirigió al Señor buscando refugio. Que su torre sea un recordatorio de acudir a Dios en busca de protección en momentos de angustia.

# ÁRBOL

**Materiales necesarios:** Vaso de papel, plástico o tergopol, papel kraft (verde y marrón), platillo de papel, plástico o tergopol, lápiz, pegamento, tijeras.

## Tareas

1. Forre el vaso con papel kraft marrón. (Trace y recorte una tira de papel para pegar alrededor, o desmenuce tiras de papel para pegarlas representando la corteza).
2. Con el platillo como molde, trace un redondel sobre papel kraft verde. Recórtelo.
3. Coloque la base del vaso en el centro del redondel y con un lápiz marque un leve trazo alrededor.
4. Disponga hojas y ramas haciendo flecos del papel, desde fuera hacia dentro del redondel. Dependiendo de la clase de árbol que esté haciendo, variará la anchura y forma de los flecos. Para una palmera, recorte ramas terminadas en punta y dele forma de ostra a las puntas. Como una opción, utilice la parte roma de las tijeras para rizar levemente las hojas hacia abajo.
5. Coloque el vaso boca abajo y péguele el centro del redondel verde.

## Conexión bíblica

El árbol plantado a la orilla de un río: Salmo 1

Mientras el rey David observaba un árbol plantado a la orilla de un río, pensó en el pueblo de Dios, y caviló llegando a la conclusión que crece, vigoroso, cuando permanece cerca del SEÑOR, arraigado en su Palabra. Escriba sobre el árbol las palabras: "Nada nos hará caer", y levántelo en alto mientras lee parte del Salmo 1 como meditación para la clase, y va comentando acerca de su significado. Concluya guiando a los niños en la entonación del CORO del himno Nº 412 del C.C.

## Más tareas

- Llene una bolsa de papel verde con papel de diario, ajústela con una banda elástica y métala en la parte superior de un vaso de papel. Cubra el vaso con papel cortado de una bolsa de papel marrón.
- Escriba una frase o un pasaje bíblico apropiados sobre el tronco del árbol.
- Dibuje o pegue redondeles que representen frutos.
- Utilice el árbol como accesorio para un teatro de títeres, o como elemento de apoyo en la narración de una historia.

# FLORERO

**Materiales necesarios:** Vaso de tergopol, plástico o papel, papel kraft, tijeras, lápiz, pegamento, marcadores.

## Tareas

1. Los vasos floreros de tergopol o papel pueden hacerse con el vaso boca arriba o boca abajo, indistintamente, con los tallos de las flores metidos (palillos de madera o pajitas de bebidas) en la base. Los vasos de plástico soportan mejor boca arriba.
2. Si quiere, forre el vaso con papel kraft según el molde de la página 50.
3. Recorte y pegue formas o figuras apropiadas hechas de papel kraft, a los lados del vaso. (Hay moldes optativos en la página 53).
4. Coloque flores en el vaso, o encaje los tallos en la parte de arriba de un vaso boca abajo.

## Más tareas

- Agréguele al florero cintas, stickers, o recortes de tela.
- Forre el vaso con tela, fieltro, o papel de envolver.
- Escriba, con marcadores, un versículo bíblico apropiado en el florero. (Para escribir directamente sobre el vaso, hágalo con un marcador indeleble).
- Haga floreros que contengan artesanías para regalar, o que sirvan como decoración del hogar.
- Para hacer flores artesanales, vea la página 61.

## Conexión bíblica

David y Mefiboset: 2 Samuel 9:1-13

La historia de la bondad de David con relación a Mefiboset, el nieto de Saúl, nos recuerda que Dios nos enseña a amar a los demás, particularmente a los que padecen enfermedades o están de alguna manera imposibilitados. Haga floreros y decórelos con papel kraft o recortes de tela. Escriba sobre los floreros un versículo bíblico apropiado, ponga en ellos flores artificiales o artesanales, y obséquieselos a personas enfermas o imposibilitadas que usted conozca. De ser posible, lleve a sus niños a una clase especial de estudiantes con problemas de desenvolvimiento. Lean alguna meditación, canten un himno o canción como, por ejemplo, "¿Quién puede hacer las flores?" (C.C. Nº 387), y obséquienles floreros con flores.

# POZO DE AGUA

**Materiales necesarios:** Vaso de papel o tergopol, tijeras, papel kraft, pegamento.

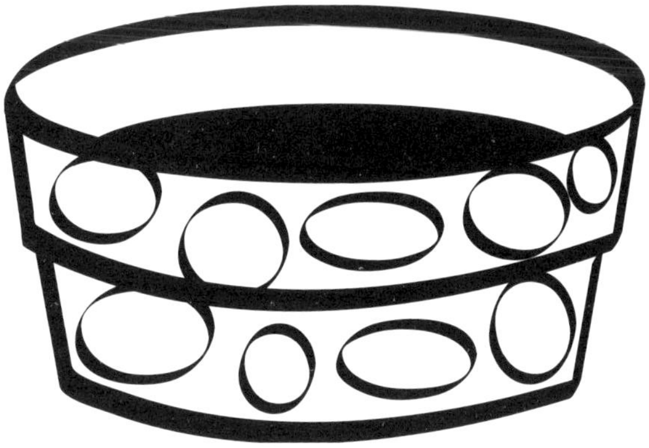

## Tareas

1. Corte el vaso por la mitad.
2. Recorte trozos de papel kraft para representar piedras.
3. Pegue las piedras de papel sobre los lados del vaso, rodeándolo.
4. Recorte un redondel de papel azul para fijar dentro del pozo, que represente agua.

## Más tareas

- Escriba una frase o un versículo bíblico apropiados, sobre el agua, o disperse pegamento de brillantina sobre ésta.
- Recorte el redondel para el agua con tres lengüetas para doblarlas y pegarlas en la pared del pozo, o llene el pozo en parte con pelotas de algodón y pegue con suavidad el redondel de papel azul sobre éstas.
- Pegue gramilla, pequeñas piedras, o trozos de arcilla aplanada.
- Emplee el pozo como elemento de apoyo para la narración de una historia, o pegue en los lados un pasaje bíblico, o una frase, apropiados para el estudio de la lección.

## Conexión bíblica

Jesús y la samaritana:
Juan 4:1-26

El hecho de que Jesús aceptó dialogar con la mujer samaritana junto al pozo de Jacob, es una señal de su amor que incluye a todos los pueblos, y un recordatorio de que vino para salvarnos de nuestros pecados. Hasta los niños son capaces de comprender esta parte de la historia, aunque no estén capacitados aún para entender el concepto abstracto de "agua que da vida". Haga un pozo que sirva de elemento de apoyo al contar la historia, y utilice una de las opciones de títeres para hacer uno que represente a Jesús, y otro que represente a la mujer. Otra aplicación de la historia, propia para la edad de los niños, es poner énfasis en el Bautismo, que es la ocasión en que Dios se sirve del agua y la Palabra, con la finalidad de adoptarnos como hijos amados suyos.

# MANGA DE AIRE

**Materiales necesarios:** Vaso de papel, plástico o tergopol, papel kraft, tijeras, pegamento, lápiz, hilo, cinta adhesiva.

## Tareas

1. Coloque el vaso boca abajo.
2. Decore el vaso con papel kraft.
3. Corte tiras de papel kraft y pegue uno de los extremos de cada tira en toda la parte interior del vaso.
4. Con un lápiz, haga dos agujeros pequeños en la base del vaso. Corte un trozo de hilo y enhebre los extremos por los agujeros. Con cinta adhesiva pegue los extremos en la parte interior del vaso, a fin de que el hilo sirva para suspenderlo.

## Más tareas

- Con marcadores comunes, haga dibujos sobre el papel kraft antes de pegarlo en el vaso.
- Decore la manga con marcadores indelebles, dibujando directamente sobre el vaso.
- Haga tiras de cintas, espumillón, cinta encrespada o papel crepé para adherir como colgaduras a la manga.
- Decore el vaso con stickers, pegamento de brillantinas y purpurinas, recortes de tela, o símbolos de las páginas de moldes del libro.
- Corte el vaso reduciendo el tamaño, para lograr una base más corta para la manga.
- Haga mangas de aire con el fin de adornar la sala de clases para ocasiones especiales o para los días festivos del año eclesiástico, o que los niños las hagan para adornar sus hogares.

## Conexión bíblica

Pentecostés: Hechos 2:1-12

Con el sonido de una impetuosa ráfaga de viento vino el Espíritu Santo, aquel primer Pentecostés, representado con lenguas como de fuego. Pida a los niños que hagan una manga de viento para recordarles que el Espíritu Santo viene hoy al pueblo de Dios, trayendo el don de la fe en Jesucristo su Salvador. Haga una copia del molde de una llama de la página 53, para recortar llamas rojas y pegarlas en el vaso. Pegue tiras de color rojo en el vaso y decore la parte de arriba con más formas de llamas. Agregue una cinta o un hilo para suspenderlo.

# CESTA TRENZADA

**Materiales necesarios:** Vaso de papel o tergopol, tijeras, papel kraft, pegamento, lápiz, cordón rígido.

## Conexión bíblica

Pablo escapa de Damasco:
Hechos 9:18-25

Después que se le apareció Jesús, a Saulo se le cambió el nombre, fue bautizado y comenzó a enseñar y a predicarle a la gente que Jesús es el Hijo de Dios, el Salvador prometido. Haga una cesta como elemento de apoyo ilustrativo para la historia que cuenta que los mismos cristianos a quienes Saulo había perseguido en el pasado, lo salvaron bajándolo dentro de un cesto por una abertura en la muralla. Enganche un cordón rígido en la cesta y átele un trozo de hilo. Haga un Pablo de un trozo de cordón rígido que quepa dentro de la cesta. Represente un muro con una caja de cereal, recorte un agujero en el lado de la caja, y por allí baje la cesta cuidadosamente. Ore por los misioneros que hoy día predican el evangelio en lugares donde es peligroso hacerlo.

*Concepto de Shelia Walsh*

## Tareas

1. Corte el vaso a la altura deseada para la cesta.
2. Corte una cantidad uniforme de tiras de arriba abajo del vaso.
3. Corte tiras de papel kraft de 12 mm de ancho, suficientemente largas como para rodear el vaso.
4. Entreteja las tiras de papel kraft alternadamente hacia adentro y hacia fuera, por los cortes hechos. Pegue los extremos de las tiras en la parte interior del vaso. Vaya entretejiendo las tiras alternadamente hasta llegar a la parte superior del vaso.
5. Con un lápiz, haga dos agujeros en lados opuestos de la cesta y pase por ellos un cordón rígido que sirva de mango.

## Más tareas

- En vez de tiras de papel, entreteja hilo o cintas que rodeen el vaso.
- Prescinda del entretejido, y en su lugar pegue papel, hilo o cintas alrededor del vaso.
- Utilice la cesta como elemento ilustrativo para la presentación de una historia bíblica.

MOLDE PARA VASO O CUERPO DE TÍTERE DE
250 ML

MOLDE DEL FONDO DE
VASO DE 250 ML

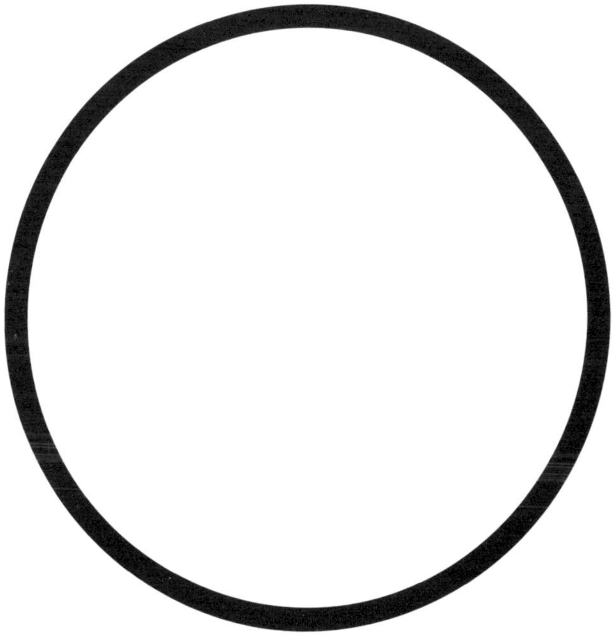

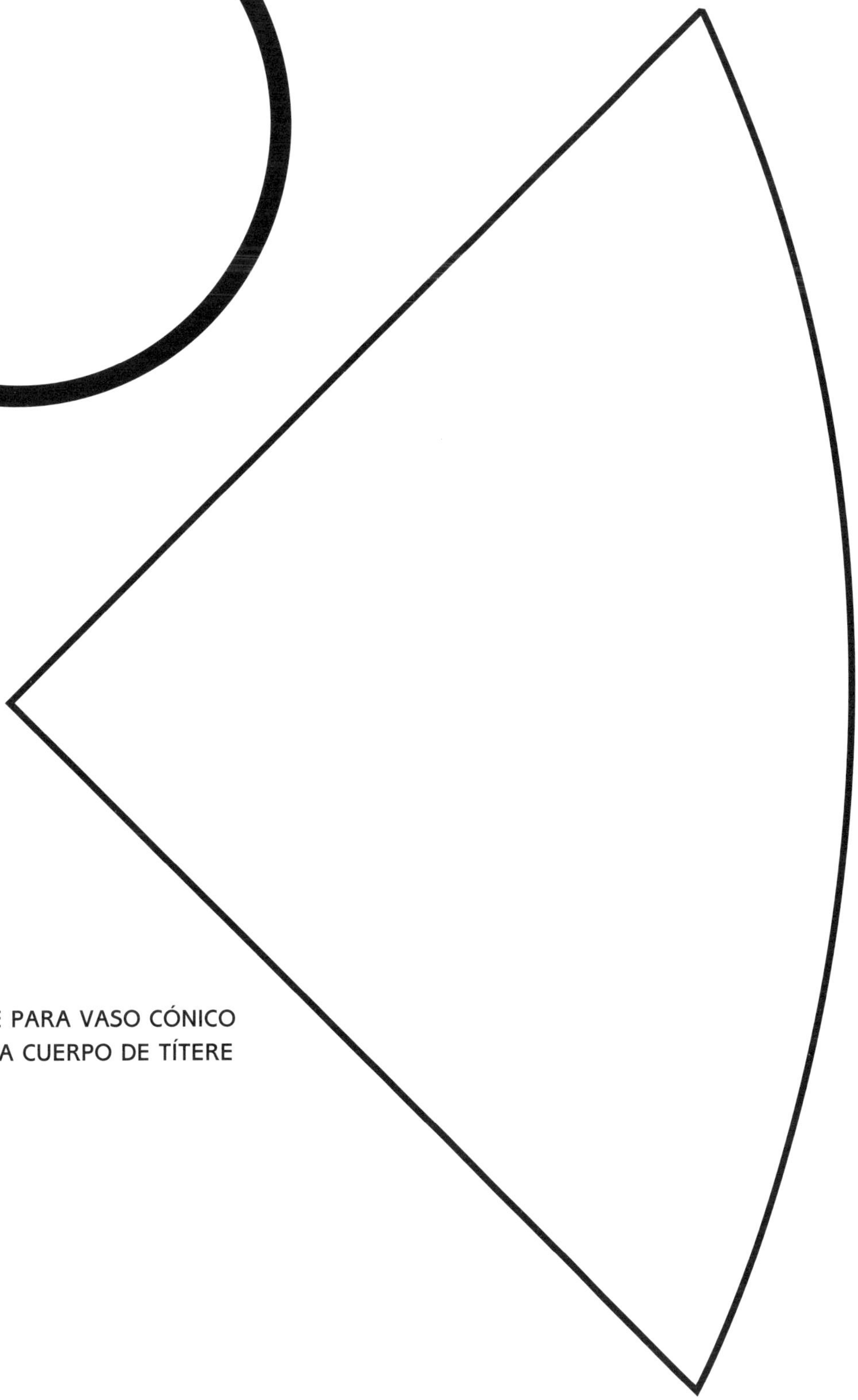

MOLDE PARA VASO CÓNICO
O PARA CUERPO DE TÍTERE

# MOLDES

CABEZA DE TÍTERE MUJER

CABEZA DE TÍTERE HOMBRE O DE JOSÉ

CABEZA DE TÍTERE NIÑO

CABEZA DE TÍTERE NIÑA

BRAZOS DE TÍTERES

ESTRELLAS DE EPIFANÍA

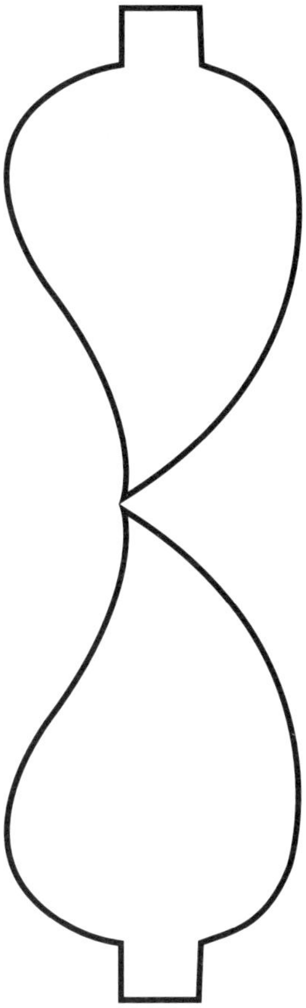

LLAMA

(CORTE Y DOBLE AL MEDIO
PARA HACER UNA LLAMA
DE DOS LADOS)

CORAZONES PARA TÍTERES
O PARA CAJA DE REGALOS

ALAS DE AVE

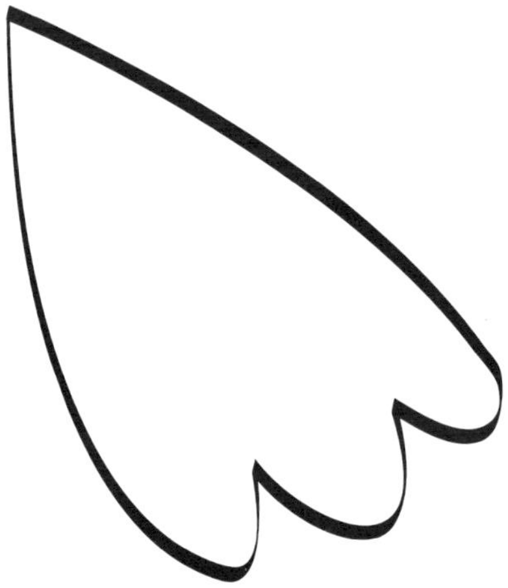

POLLITOS

CRESTA DE AVE

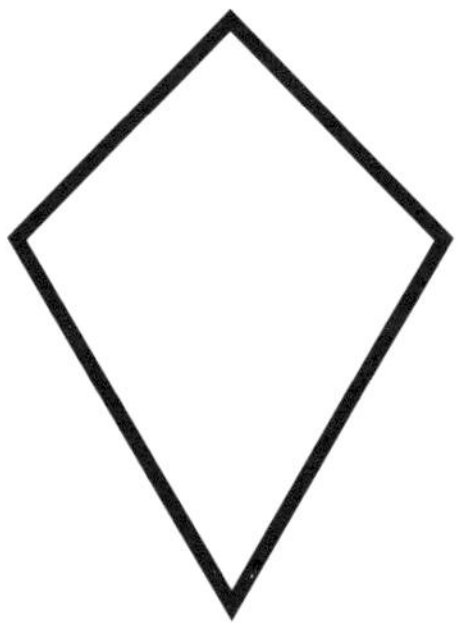

PICO DE AVE

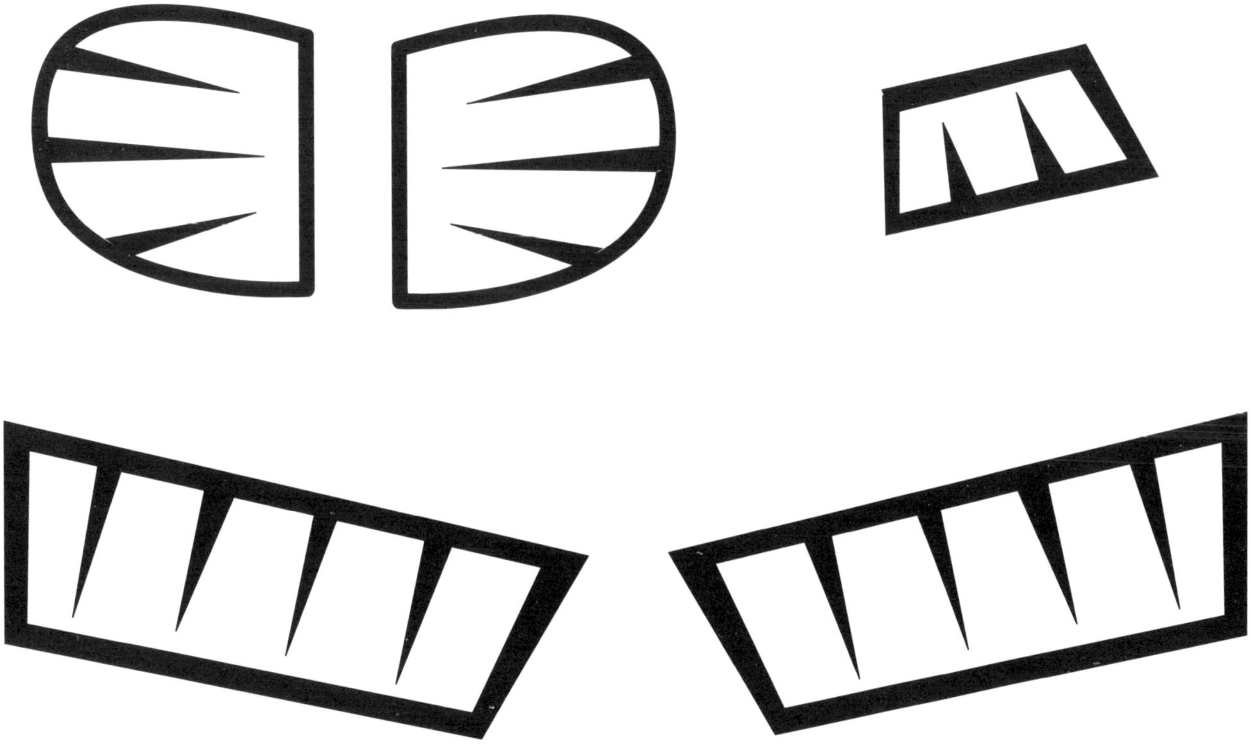

ALETAS DE PEZ

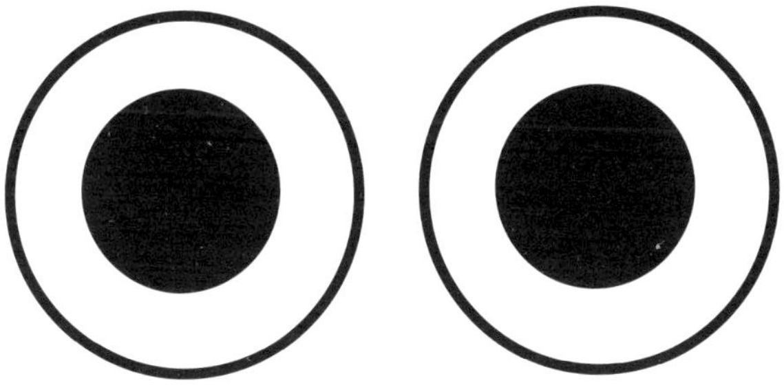

OJOS DE PEZ

BOCA DE PEZ

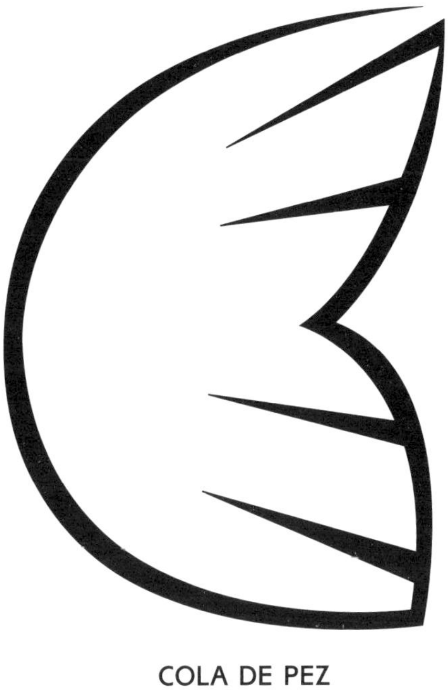

COLA DE PEZ

PIES DE TÍTERE SUSPENDIDO

MANOS DE TÍTERE SUSPENDIDO

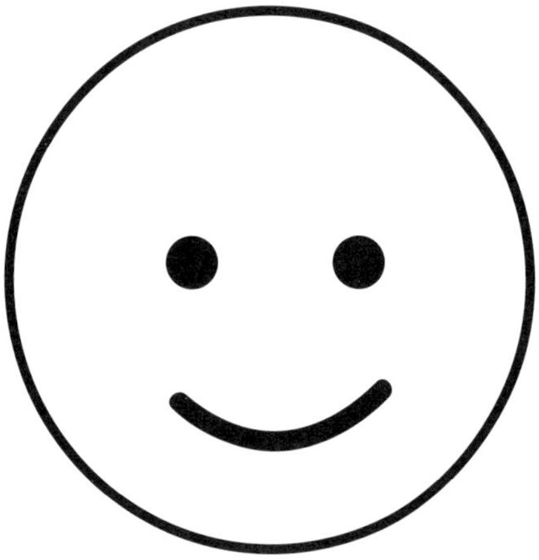

CABEZA DE TÍTERE
SUSPENDIDO

JESÚS

ELÍAS

MOISÉS

PALOMA

TABLAS DE LOS DIEZ MANDAMIENTOS

CRUZ PARA EL VASO

JI RHO "P" Y "X" PARA VELAS

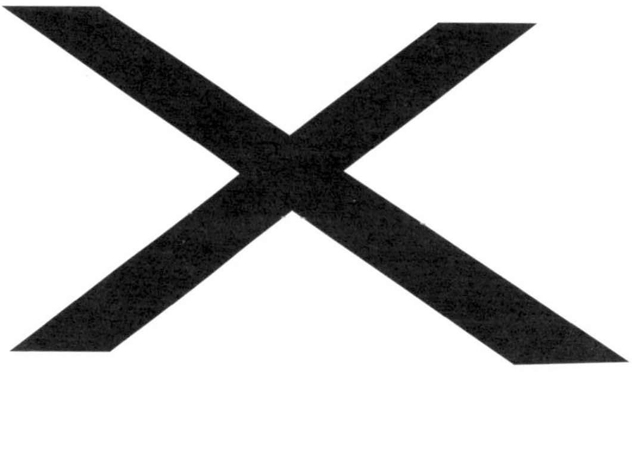

MOLDES PARA EL MÓVIL
DE PASCUA

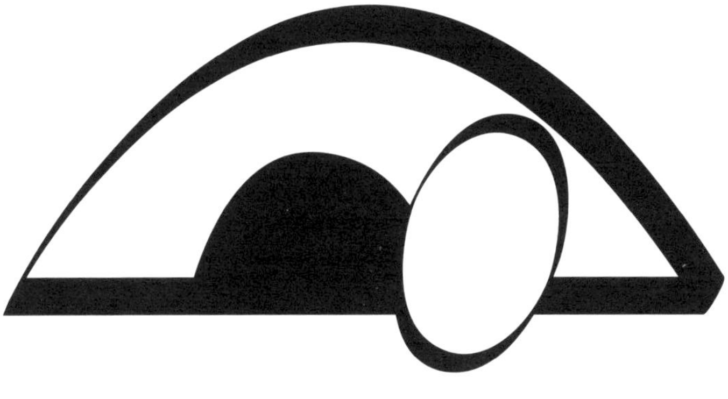

MOLDES PARA EL MÓVIL DE PASCUA

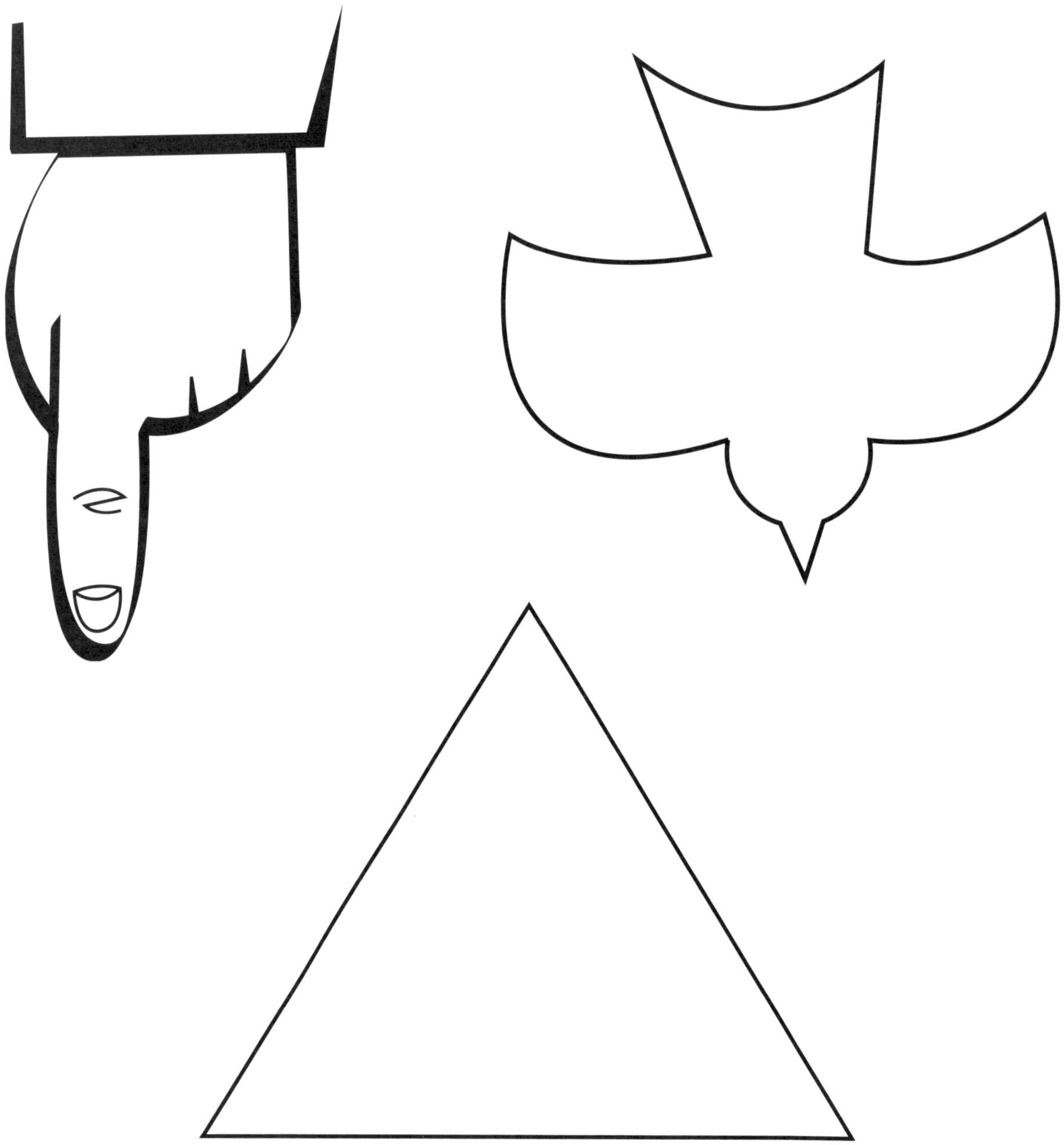

MOLDES PARA EL MÓVIL DE
LA TRINIDAD

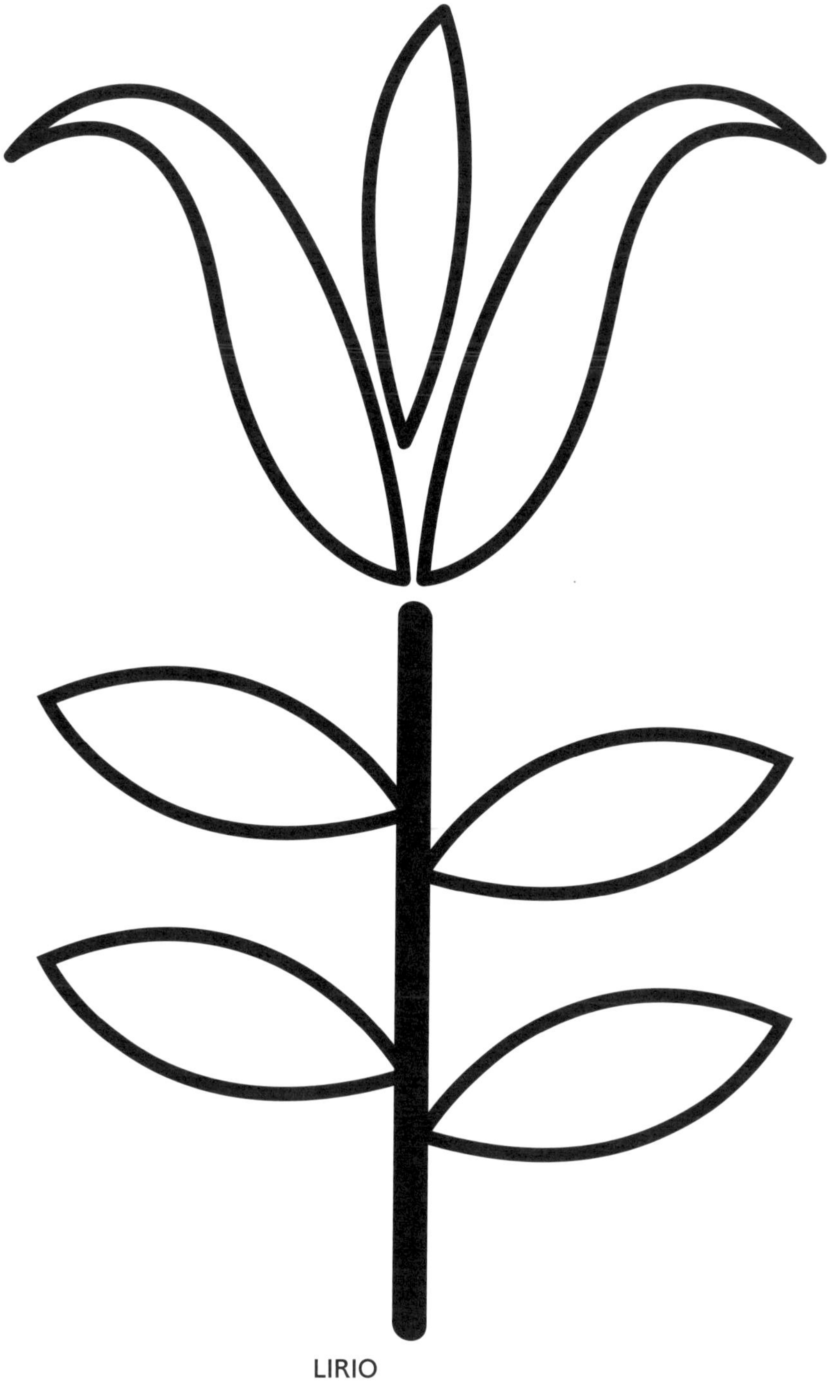

LIRIO

FLORES

OREJAS DE OVEJA

CABEZA DE OVEJA

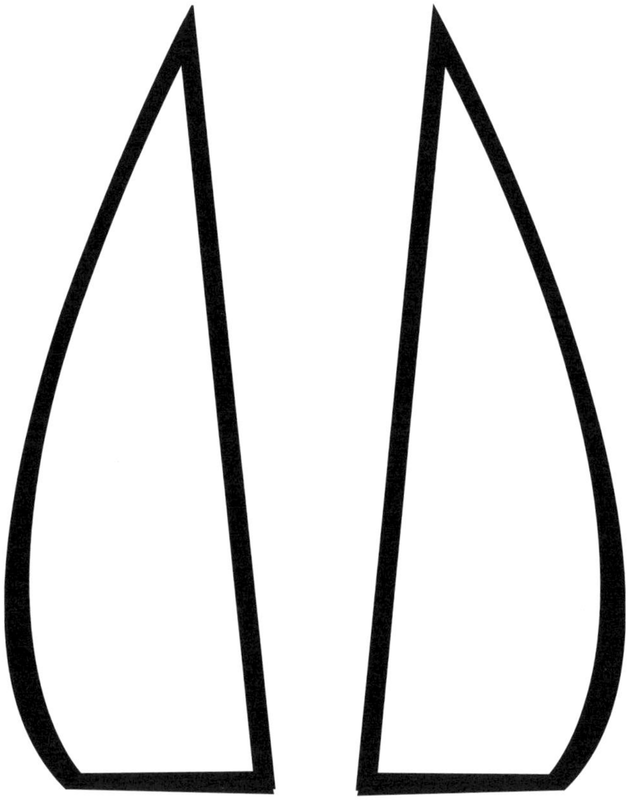

OREJAS DE BORRICO

BOCA DE BORRICO

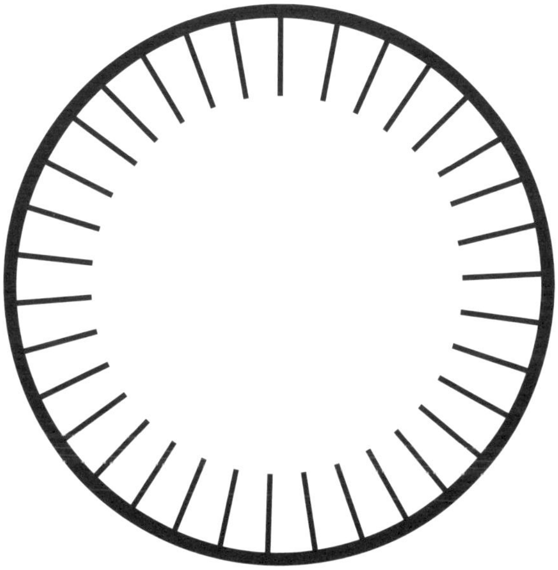

MELENA DE LEÓN

CABEZA DE LEÓN

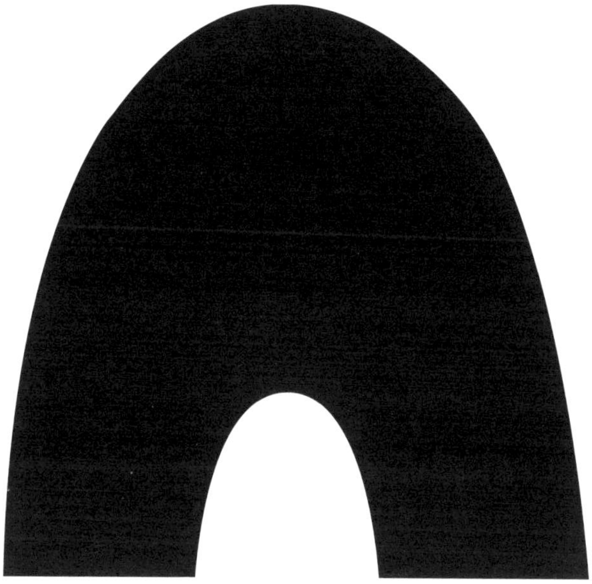

CUERPO DE LEÓN

# ÍNDICE